LAS 3 INTELIGENCIAS

Intelectual
Emocional
Moral

DIANA RODRÍGUEZ DE IBARRA

LAS 3 INTELIGENCIAS
Intelectual
Emocional
Moral

*Una guía para el desarrollo integral
de nuestros hijos*

EDICIONES

CASTILLO

S.A. DE C.V.
MONTERREY
NUEVO LEON
M E X I C O

Portada: Departamento de arte de Ediciones Castillo

© Derechos reservados por la autora:
Diana Rodríguez de Ibarra

Las tres inteligencias: intelectual, emocional y moral.
Una guía para el desarrollo integral de nuestros hijos

© Primera Edición 2000
Ediciones Castillo, S.A. de C.V.
Privada Francisco L. Rocha, N° 7
Colonia San Jerónimo, C.P. 64630
Apartado postal 1759
Monterrey, Nuevo León, México
e-mail: castillo@edicionescastillo.com
www.edicionescastillo.com

Miembro de la Cámara Nacional
de la Industria Editorial Mexicana
Registro núm. 1029

ISBN: 970-20-0099-8

IMPRESO EN MÉXICO
PRINTED IN MEXICO

Contenido

Agradecimientos

A mi esposo, compañero amoroso, de quien a largo de nuestra vida juntos sólo he recibido apoyo y estímulo para mi desarrollo profesional.

A mis hijos: Jorge, Viridiana y Daniela, quienes con su existencia me han enseñado más que la universidad.

A mis padres, quienes con su ejemplo y su amor me enseñaron a luchar en la vida.

A Gilberto Marcos Handal, periodista destacado, de quien he recibido apoyo desinteresado y es parte importante de la realización de este libro.

Prólogo

Me ha dado mucha alegría y satisfacción que mi colega Diana Rodríguez de Ibarra me haya invitado a escribir unas palabras introductorias a su libro *Las tres inteligencias*. Diana ha destacado entre los profesionales de la psicología por su muy positiva intervención, su alto sentido crítico y su habilidad para aportar ideas nuevas a los padres de familia y maestros, tanto en su trabajo clínico cotidiano como por medio del periodismo y de conferencias. Sé que este libro será bien recibido por un buen número de lectores, pues no sólo repite lo que "debemos hacer", sino que ofrece ideas acerca de cómo hacerlo mediante sugerencias concretas para realizar mejor este interesante y a la vez satisfactorio arte de ser padres y educadores.

Resulta gratamente sorprendente encontrar un texto fresco, sencillo y a la vez profundo, con conceptos útiles para cualquier padre de familia. Al principio pensé que se trataba de un libro dirigido solamente a padres de niños pequeños, pero conforme me fui familiarizando con su contenido, vi que es un libro útil para padres de hijos adolescentes y adultos, o bien para maestros y otras personas que trabajan facilitando el desarrollo de las personas. La lectura de este material nos hace reflexionar e incrementar la convicción de que todo lo que pensamos, imaginamos, sentimos, decimos y hacemos tiene un efecto sobre nuestro propio bienestar y el de los demás.

Lograr un balance entre nuestros pensamientos, sentimientos y acciones es nuestro mayor reto como seres humanos y la mejor señal de nuestra salud integral. El ser humano tiende por naturaleza a ser inteligentemente feliz y a provocar la felicidad a los demás, meta alcanzable gracias sólo a su capacidad de pensar, sentir y actuar con inteligencia. Sin embargo, también se presenta con frecuencia el fenómeno de crecer sólo en algunos aspectos, el cual tiene su origen precisamente en el desarrollo unilateral de sólo alguna de las tres inteligencias, fenómeno que podría convertirnos en personas con pura razón pero con muy poco corazón y sin acciones, o bien en personas de puro corazón, sin razonamiento ni acciones productivas; o peor aún, en personas que fueran pura acción sin importar los sentimientos o valores morales. Todos hemos sabido de personas que destacan en los campos de la ciencia, el arte, los negocios, los deportes, pero que terminan solos, enfermos o desquiciados, precisamente por el hecho de no haber desarrollado en forma armónica sus tres inteligencias.

Como seres humanos, funcionamos todo el tiempo como una sola unidad: mente, cuerpo y entorno. La interpretación o significación que damos a nuestra realidad provoca en forma automática emociones y sentimientos asociados a muy complicados procesos psicofisiológicos, que a su vez influyen en los pensamientos, sentimientos y acciones de las demás personas. Igual podemos decir respecto de nosotros como receptores de las acciones, ideas o sentimientos de los demás ante los cuales reaccionamos inevitablemente. Las mejores decisiones son aquellas que tomamos integrando y unificando nuestra razón con nuestras emociones y valores, y ambas con acciones constructivas. Las mejores acciones son aquellas que producen en nosotros una sensación de satisfacción emocional por su efecto benéfico sobre el mundo que nos rodea. Nuestros sentimientos y emociones son, por tal motivo, un excelente indicador de que también interactuamos con nosotros mismos y con los demás, y nuestras acciones definitivamente denotan de qué sentimientos y de qué valores estamos llenos. En nuestra vida cotidiana, más aún si somos padres, educadores o líderes, nos sentimos profundamente realizados cuando influimos positivamente en nuestra pareja, nuestros hijos, nuestros alumnos o seguidores, para que ellos realicen acciones conscientes de sus consecuencias éticas, y disfrutamos inmensamente cuando observamos niños y jóvenes que se comportan no solamente en forma adecuada en relación con su entorno, sino que además lo hacen, la mayor parte del tiempo, con sentimientos cómodos de alegría y ejerciendo un control saludable de su emociones negativas. Observar esto nos puede permitir suponer en esos jóvenes la existencia de convicciones morales flexiblemente centradas.

Como educadores, líderes o terapeutas podemos estimular esta conciencia creciente y facilitar el crecimiento de personas íntegras en los diversos contextos en que nos desenvolvemos, para producir, así, bienestar individual y compartido.

Este gratificante arte de formar personas íntegras, podremos conseguirlo sólo si nosotros mismos crecemos mientras influimos en las personas que amamos y a las que deseamos lo mejor; sólo desarrollando integralmente nuestras tres inteligencias, la intelectual, la emocional y la moral, podremos ser más efectivos como facilitadores de este proceso en los demás.

Las tres inteligencias, de Diana Rodríguez, nos aporta la información necesaria y nos da sugerencias prácticas para lograrlo. Sus ideas son tan buenas que si no las aplicamos, no funcionan. Por eso... cabeza, corazón y manos a la obra.

Ruperto Charles Torres

Introducción

Todos los padres tenemos un mismo objetivo:
Educar a los hijos para que sean gente de bien;
es decir, personas respetuosas, responsables,
disciplinadas y felices.

Los seres humanos somos un conjunto de cuerpo y mente; este inseparable conjunto, desde que nacemos, requiere de ser protegido y estimulado para que se desarrolle en todas sus dimensiones.

La protección y estimulación son fundamentales. Desde que un bebé es concebido por sus padres, si éstos son responsables y amorosos, se mostrarán conscientes de la necesidad de hacer cambios en su vida para asegurarse de que su hijo nazca bien.

Este tipo de padres empieza su labor educativa por el cuidado de la madre, que con el apoyo del padre, debe alimentarse, vitaminarse y dormir bien, llevar un control médico y evitar tensiones o ingerir estimulantes, ya que cualquier deficiencia en estos aspectos podría provocar alteraciones en el desarrollo de su niño.

Estos cambios son sólo el principio porque una vez que su hijo nace, los padres continúan interesados en realizar todo lo que sea necesario para impulsar su crecimiento físico e intelectual.

En cuanto a la educación y crianza de los hijos se refiere, los padres se preocupan y se preguntan si estarán haciendo bien su labor, porque ésta es una de las tareas que requiere de años, tal vez veinte o más para poder comprobar los resultados.

Educar es un arte y una ciencia, ya que cada niño es un ser único e irrepetible y por tanto no existen reglas que indiquen qué hay que hacer con cada uno de los hijos. Siguiendo los principios del arte, los padres necesitan creatividad y paciencia para educar eficazmente, pero al mismo tiempo deben conjugar la ciencia que implica conocimiento, estudio y dedicación.

En épocas pasadas la educación de los hijos se basaba en el aprendizaje de la moral, y eso podría estar muy bien, sólo que la manera en que la impartían era bajo una dirección rígida en la que los hijos obedecían por miedo o porque así tenía que ser. En cuanto a la inteligencia intelectual consideraban que no había mucho que hacer pues todo era cuestión de la herencia, y era la escuela la encargada de desarrollarla a través de la lectura y la escritura.

Estas generaciones hicieron a un lado el aspecto emocional pues consideraban que no era conveniente tomar en cuenta los gustos y sentimientos de los hijos, ya que estaban seguros de que lo que les exigían era lo que les convenía. Esto dio como resultado personas neuróticas e infelices, pues no tenían voz propia; pero sí se formaron responsables y cumplidos.

Los padres de las nuevas generaciones han cambiado, aunque se fueron al extremo: ahora se muestran

complacientes, sobreprotectores, y sobre todo empeña-
dos en darles a sus hijos todos los avances de la tecnología con el fin de que desarrollen principalmente la
inteligencia intelectual.

Los padres y educadores realmente se han ocupado
mucho por desarrollar este tipo de inteligencia en los
niños, porque piensan que esto puede ser suficiente para entrenarlos a resolver los problemas que la vida les
presente. Y lo han logrado, pues se ha comprobado que
el cociente intelectual de los niños ha aumentado en los
últimos quince años.

Sin embargo, la realidad nos muestra una situación
realmente preocupante: aunque sea muy bueno el aumento en la inteligencia intelectual, estamos viendo
por otro lado una deficiencia en la capacidad de control
de las emociones; y la conducta moral que presentan
muchos niños en la actualidad ha disminuido en forma
alarmante, lo que nos lleva a preguntar: ¿para qué ha
servido toda esa brillantez de la inteligencia intelectual
desarrollada? ¿Por qué, tanto chicos como grandes, no
la están utilizando en los momentos críticos para poder
salvarse de cometer acciones que los perjudican a ellos
mismos y a los demás?

Ante estas interrogantes reconocemos los padres,
maestros, médicos, psicólogos y psiquiatras, que
quizás algo no esté funcionando bien en la educación
de los niños y jóvenes. Una gran mayoría de ellos desde
muy pequeñitos muestran comportamientos descontrolados, se atreven a hacer y decir cosas que a las generaciones anteriores para nada les pasaban por la mente, y
si así hubiera sido había algo que los detenía para no
meterse en líos como lo hacen los chicos actualmente.

Hoy por hoy observamos que cada vez son más los
niños y jóvenes de todas las edades que ofenden, gritan,

golpean, se burlan, dicen maldiciones, roban, se drogan, se enfrentan con la autoridad y hasta los hay que se atreven a matar y, para colmo y asombro de las autoridades, cuando son amonestados no reconocen sus faltas.

Para muestra mencionaré que el Departamento de Educación de California hizo un estudio comparativo sobre los siete problemas más frecuentes que presentaban los alumnos de secundaria durante la década de 1940 y los que ahora presentan los de la década de los noventa. En los cuarenta se consideraba una falta grave:

☞ Hablar en clase

☞ Mascar chicle

☞ Hacer ruido

☞ Correr por los pasillos

☞ No hacer fila

☞ Usar ropa inadecuada

☞ Tirar papeles

En los noventa son consideradas faltas graves:

✗ Robar

✗ Abusar en el consumo de alcohol

✗ Embarazo fuera del matrimonio

✗ Suicidio

✗ Violación

✗ Vandalismo

✗ Asalto a mano armada

14

Es obvio que no hay punto de comparación, estamos ante un mundo totalmente opuesto, con mucho avance tecnológico sí, pero con un retraso evidente en el comportamiento humano.

Cualquiera que lea lo anterior podría pensar ¡bueno, pero eso es en Estados Unidos! Pues no, tristemente la realidad en México no se queda muy atrás, y ya es de todos conocido que las conductas irresponsables de los niños y jóvenes en la casa y en las escuelas de nuestro país no son hechos aislados.

Este libro es el resultado de vivir de cerca, a través de la terapia psicológica, la problemática del manejo de las emociones en chicos y grandes, y el sufrimiento de los padres que desesperados no saben qué hacer ante la mala conducta de sus hijos. Porque acaban siendo ellos los que ponen las reglas.

A través de esta guía, los padres obtendrán algunas ideas de cómo prevenir y reforzar las conductas inadecuadas de sus hijos.

El punto central de este libro es la unión de las tres inteligencias: la INTELECTUAL que es el razonamiento, la EMOCIONAL que es el sentimiento y la MORAL que es la acción.

Nunca como ahora se ha hecho necesario trabajar sobre estas tres capacidades, ya que para llegar a sobrevivir bien en la actualidad es necesario conocer, armonizar y desarrollar las tres inteligencias.

¿Qué es la inteligencia intelectual?

La inteligencia intelectual es definida como la capacidad para comprender y razonar, aunque varios autores le dan a la definición un matiz diferente.

Claparede: "Es la capacidad para resolver por el pensamiento problemas nuevos".

William Stern: "La capacidad de adaptarse a condiciones nuevas".

Thorndike: "La capacidad para reaccionar correctamente desde el punto de vista de la verdad de los hechos".

Stoddard: "La habilidad para aprender ciertos actos, o para ejecutar otros nuevos que sean funcionalmente útiles".

Terman: "La capacidad para pensar abstractamente".

Por lo general todos consideran que la inteligencia intelectual es aquella que se refiere a los objetos para conocerlos, es decir, para saber cómo son y cómo es su estructura, y cada individuo lo hace de acuerdo a como esté conformado su desarrollo neurofisiológico.

Las funciones comprendidas en la aplicación de la inteligencia son:

✍ Adquisición de datos de la realidad

✍ Conservación de los datos

✍ Elaboración de los datos

La función de adquisición, consiste en la acumulación de datos de la realidad que se vive y es llevada a cabo preferentemente por los sentidos, es decir, por las funciones perceptivas.

La función de conservación consiste en mantener y reproducir los datos cuando es deseable por la memoria y por el establecimiento de los hábitos.

La función de elaboración consiste en la transformación, combinación y recreación de los datos para formar un universo de ideas por el pensamiento, el cual a su vez tiene tres funciones principales: conceptuar, enjuiciar y razonar.

Inteligencia y herencia

Los resultados que la gente obtiene en las pruebas mentales dependen tanto de sus experiencias de la vida diaria como de sus genes.

Los padres transmiten estructuras fisiológicas y químicas que hacen posible que sus hijos posean un cierto grado de nivel intelectual. Cuanto más uniforme es la carga genética de los padres mayor probabilidad habrá de determinado cociente intelectual. Si ambos progenitores registran inteligencia superior, habrá más posibilidades de que los hijos lo registren igual, y por el contrario, si los dos muestran puntajes bajos los hijos mostrarán los mismos puntajes bajos o más que bajos. En el caso de que uno de los padres califique alto y otro bajo los hijos heredarán las predisposiciones de cualquiera de los progenitores.

El ambiente y la inteligencia medida

Los distintos ambientes hacen resaltar diferencias en la inteligencia medida entre los individuos, esto se ha comprobado en los gemelos idénticos y hermanos. Por lo general, responden de igual manera en pruebas mentales cuando se les cría juntos que cuando se les educa por separado.

Aunque no se pone en duda la contribución del ambiente sobre la inteligencia, es difícil señalar con precisión hasta dónde influye el ambiente en el desarrollo de la habilidad mental, ya que las diferentes condiciones genéticas y ambientales se entremezclan, y aislar una de otra es una tarea casi imposible.

Todos los niños nacen con diferencias en sus habilidades intelectuales. El 2% nace con retraso mental debido a defectos físicos o genéticos, en la mayoría de los casos irreversibles. Pero está comprobado que la inteligencia, aun en los discapacitados, se modifica por medio de la estimulación del ambiente, ya sea negativa o positivamente, siendo los padres los que tienen la mayor influencia.

Especialistas en educación como Siegfried y Therese Engelmann descubrieron que la estimulación temprana de los bebés no sólo incrementa la cantidad de lo que aprenden, sino que aumenta su capacidad de aprendizaje en general, por lo que se les facilitará aprender posteriormente.

Benjamín Bloom llegó a la conclusión de que los niños desarrollan el cincuenta por ciento de su inteligencia a la edad de cuatro años, esto significa que el niño que no fue estimulado en sus inicios de vida no tendrá forma de reponer el tiempo perdido.

Existen estudios sobre herencia ambiental en los que se comprueba que el ambiente es determinante para la elevación de la inteligencia intelectual. En dichos estudios se procedió a practicar pruebas de inteligencia a dos grupos de niños entre uno y dos años, quienes se encontraban al cuidado de sus madres. La diferencia se establecía en que los niños del primer grupo pertenecían a madres en estado de depresión crónica y al ser evaluados reportaron niveles de inteligencia término medio superior. El segundo grupo pertenecía a madres con estados emotivos alegres y estables, y obtuvieron en las pruebas niveles de inteligencia término medio, es decir, un punto más abajo que los del primer grupo. A las madres deprimidas no se les pidió que se esforzaran para estimular a sus niños y a las del segundo grupo se les recomendó que aumentaran las horas diarias de juego con sus pequeños.

Al paso de un año se repitieron los estudios y se comprobó que los niños del segundo grupo elevaron sus niveles de inteligencia en la mayoría de las áreas y los del primer grupo no sólo no se mantuvieron, sino que disminuyeron, comprobando de esta forma que el ambiente puede ser determinante para el desarrollo intelectual de un individuo.

Alfred Binet, psicólogo francés, confirmó que la herencia y el ambiente influyen tanto en la inteligencia que no permanece estática, sino que crece y cambia a lo largo de la vida, y que hay algunos factores que influyen en el desarrollo intelectual tanto para bien como para mal.

Desnutrición

Cuando la desnutrición se presenta durante el embarazo y los primeros meses de vida, puede dañar la estructura y funcionamiento del sistema nervioso y reducir la capacidad intelectual. Afecta directamente las áreas de memoria inmediata y concentración y se sabe que la desnutrición prenatal puede dañar a los bebés en la motivación para aprender: los niños desnutridos responden muy escasamente en las pruebas de inteligencia al grado tal que no es posible su aplicación. Cuando estos niños son alimentados y estimulados, después de un tiempo, pueden dar respuestas favorables en las evaluaciones; pero si la desnutrición permanece por años, se pierde la oportunidad de estimular al cerebro y por consecuencia la inteligencia se verá disminuida permanentemente.

Toxinas

Las toxinas que pueden perjudicar el sistema nervioso afectan de manera directa la capacidad mental, por ejemplo, debilitando la memoria a corto plazo y en forma indirecta disminuyendo la atención y la motivación, así como ocasionando fatiga y confusión. Un ejemplo de esto es el efecto del plomo que retarda el desarrollo del cerebro.

La inteligencia
y la relación con la madre

Es de todos sabido la importancia que tiene para el bebé recién nacido la relación con sus padres, pero es conveniente enfatizar que el trato que le den la madre y el padre en forma conjunta o individual, predispondrá el desarrollo de las habilidades intelectuales. Cuando un niño se ve expuesto a un trato acelerado y ansioso por parte de la madre y se le escatima la atención por atender otros asuntos, se estará arriesgando su desarrollo cognitivo, además del emocional. Un buen desarrollo integral de los bebés exige una mamá que los atienda personalmente de día y noche al menos los primeros meses. Requieren que se les hable todo el tiempo, que se les mueva y cambie de posición y lugar, y que se juegue con ellos. Con estas atenciones estarán recibiendo entrenamiento en el lenguaje, en la atención visual y auditiva y en la coordinación motora fina y gruesa.

La madre y su hijo tienen una íntima y estrecha relación que los hace casi una sola persona; nueve meses unidos en cuerpo y alma representan un lazo físico y emocional imposible de romper.

Basta con trabajar un poco la imaginación para poder entender lo que tienen que enfrentar estas dos personas en el momento de la separación por el parto. En lo que se refiere a la madre y su pensamiento, dar a luz es una especie de incertidumbre, protección y unión por siempre; y para el hijo, la separación física de la madre representa un aprendizaje doloroso que se convierte en una necesidad simbiótica para sobrevivir.

A partir de entonces se desarrolla el proceso de apego, ya que es la madre la que le proporciona alimento, alivio al dolor y estimulación táctil agradable.

El apego materno constituye un factor de estímulo en el desarrollo de la inteligencia visual y social: en la medida que la madre se convierte en la cuidadora por excelencia de su hijo(a), está fomentando en su psiquismo la constancia objetal indispensable para independizarse sin angustia.

La presencia o ausencia de la estimulación por parte de la madre puede acelerar o retardar la adquisición de ciertos comportamientos; además la motivación, la sincronización de la estimulación y la calidad del cuidador también repercuten en su desarrollo.

Wayne Dennis, investigador del desarrollo infantil, descubrió que los niños confinados en instituciones mostraban un grave retraso incluso en respuestas tan básicas como sentarse, pararse o caminar, cuando no había alguien dedicado especialmente para estimularlos a practicar estas destrezas, y debido a esta falta de estimulación ambiental materna también mostraban retraso en el lenguaje, habilidades sociales y manejo de las emociones por lo que reportaban incapacidad de establecer una relación de apego teniendo como resultado un nivel de inteligencia intelectual deficiente.

Estos niños permanecían prácticamente todo el día en su cuna y sólo se acercaban a ellos diferentes personas para cubrir sus necesidades de hambre y temperatura; no tenían juguetes ni oportunidad de subir o trepar y desconocían los nombres de las cosas. Aun los niños que habían sido adoptados manifestaban un poco de retraso en la madurez, y los que permanecían en instituciones mostraban un notable retraso durante toda su existencia.

La sincronización que los padres ofrezcan en la estimulación, especialmente por parte de la madre, que es la que más convive con el niño, es importante para promover el crecimiento óptimo; es recomendable crearle un ambiente moderadamente enriquecido donde pueda recibir objetos estimuladores incluso un poco antes del tiempo en que los pueda manipular por sí mismo. Una estimulación ligeramente acelerada alienta el crecimiento y el desarrollo, pero hay que tener cuidado, porque una estimulación demasiado acelerada podría confundir al niño, que acabaría por ignorar o rechazar las tareas demasiado difíciles.

Para confirmar los estudios anteriores, me voy a referir al caso de un niño de nuestro medio que reporta un bajo nivel cognitivo por una falta total de estimulación ambiental por parte de la madre y no por falta de conocimientos.

En este caso lo que sucede es que la madre aparenta frecuentes enfermedades, por lo que ha desarrollado una aprensión extrema hacia su hijo. Ella permanece la mayor parte del día acostada porque dice sentirse débil y nerviosa, por lo que la atención a Juanito (nombre ficticio) desde que nació se ha reducido a darle de comer, y mantenerlo a su lado frente al televisor.

El mismo temor, por supuesto, le impedía llevarlo al colegio, ya que pensaba que era muy pequeño y le podría pasar algo. De manera obligada por parte del padre, asistió por vez primera al colegio a la edad de seis años y el poco avance que ahora muestra se debe al interés de su progenitor, aunque no es mucho lo que puede hacer ya que trabaja todo el día y es poco el tiempo que puede pasar junto a él.

Al llegar el primer día de escuela, fue duelo tanto para la madre como para el niño, quien poco a poco logró "adaptarse" al ambiente escolar. La complexión de Juanito es robusta, casi obesa, y sus niveles de maduración en lenguaje, coordinación motora fina y gruesa, memoria remota y socialización marcan una edad mental de tres a cuatro años, por lo que se tomó la decisión de bajarlo al grado de preescolar, ya que sería un esfuerzo muy grande el que tendría que hacer para lograr el aprendizaje. Además de ubicarlo en el grado, Juanito necesita un refuerzo en habilidades psicopedagógicas y un cambio en el manejo familiar para permitirle crecer y madurar de acuerdo a la edad cronológica, aunque por el tiempo perdido casi es seguro que su inteligencia no alcanzará el nivel que se hubiera esperado si hubiera recibido la estimulación requerida a tiempo.

Este es un caso real donde se demuestra que el ambiente y la falta de estimulación temprana pueden impedir el desarrollo de la inteligencia intelectual.

Relación del padre

Los estudios reportan que los bebés cuyos padres se mostraron cercanos a la madre durante el embarazo y que siguieron cooperando durante la crianza, obtenían un puntaje más alto en las pruebas de desarrollo mental y motor, y más sensibilidad social que el promedio.

Los bebés que reciben de sus padres estimulación sensoriomotora en los dos primeros años de vida, logran desarrollar un mejor nivel de inteligencia y maduración en habilidades para el aprendizaje escolar.

Las mujeres cuyos esposos se desempeñan más cooperadores en la educación de sus hijos reportan menos tensión, más metas juntos y más decisiones compartidas. Por supuesto, los niños se benefician porque pertenecen a un tipo de familia armoniosa y estable. Los padres involucrados de manera activa se relacionan de modo diferente a como lo hacen las mamás, ellos son más juguetones mientras los atienden y son más bruscos: tienden a lanzarlos al aire, subirlos en sus hombros, les hablan más fuerte y les exigen más fortaleza, especialmente a los varones; con las niñas son más cuidadosos, más consentidores, les toleran más y son más dependientes de su afecto. La madre por lo general no hace tanta diferenciación en el trato entre el hombre y la mujer, sobre todo cuando son bebés.

Se ha comprobado que la forma de jugar más fuerte que tienen los papás con sus niños o niñas les proporciona un estímulo cerebral para vencer los temores. Y la reacción firme y amorosa durante los primeros años del desarrollo es clave para la formación de identidad sexual de hombres y mujeres.

La respuesta de los bebés a este tipo de padres es inmediata desde muy pequeños. De tan sólo seis semanas reconocen al papá y responden con algarabía diferente a como lo hacen con la mamá, ya que se condicionan a que esta persona les traerá más actividad.

Los padres que desarrollan un fuerte vínculo con sus hijos e hijas son más sensitivos a los cambios de necesidades de sus niños y tienden a tener más influencia sobre ellos provocando que sean más respetuosos y tengan mayor capacidad para escuchar debido a la compleja y cercana relación que se estableció desde que se encontraban en el vientre de su madre.

En la actualidad los papás son incitados a participar de manera directa en el nacimiento de sus hijos. Existen cursos donde los padres aprenden técnicas de apoyo físico y emocional para sus esposas y el bebé que esperan, y conocen todo lo necesario acerca del manejo del recién nacido.

Está comprobado que los padres que han participado en el nacimiento de sus hijos expresan una inmediata atracción hacia su bebé despertando sentimientos de júbilo, orgullo y aumento de autoestima.

Cuando los padres son responsables y conocen la importancia que tiene el desempeño de su rol en la formación intelectual y de personalidad de sus hijos e hijas, no escatiman esfuerzos para cumplir con su responsabilidad por el resto de su vida.

La inteligencia intelectual medida con tests

La primera persona en pensar seriamente en medir la inteligencia fue el científico británico Francis Galton (1860), que montó un laboratorio en el museo de Londres con el fin exclusivo de medir las capacidades intelectuales humanas, realizando pruebas de habilidades como agudeza visual y de audición. Por ese tiempo, el psicólogo francés Alfred Binet creó la primera medida práctica de la inteligencia dirigiendo sus esfuerzos hacia habilidades cognoscitivas como la capacidad de atención, memoria, pensamiento lógico y comprensión de oraciones.

De acuerdo con la escala de Stanford Binet, se construyeron nuevos instrumentos, se desarrollaron pruebas que pudieran aplicarse en grupo y para todo tipo de gente, como niños, adolescentes, adultos, ciegos o sordos. Hoy en día, existen más de 200 pruebas de inteligencia que son utilizadas por educadores de todo el mundo y siguen apareciendo hasta quince nuevas cada año.

Existen controversias en cuanto a definir la inteligencia intelectual, la mayoría de los psicólogos la ven como un factor general o como un conjunto de habilidades espaciales, matemáticas, verbales, psicomotoras y creativas. Para algunos, lo importante es el pensamiento abstracto y el razonamiento; para otros, lo fundamental radica en las capacidades que hacen posible el aprendizaje y la acumulación de conocimiento. En lo que sí coinciden los investigadores es en que la inteligencia intelectual es mensurable y se puede desarrollar a través de la estimulación.

La inteligencia en los bebés se mide por la maduración física

Existen normas y promedios de desarrollo que indican la madurez cognoscitiva de los bebés; para esto es fundamental que los padres conozcan lo que se espera del niño de acuerdo a su edad, con el fin de poder estimularlo en todas sus habilidades. El oído es el sentido más desarrollado del recién nacido; incluso antes de nacer, a partir de los siete meses de gestación, el bebé es capaz de escuchar voces y recibir estímulos del exterior, por lo cual a los pocos días de su nacimiento, el bebé ya está capacitado para distinguir a su madre por la voz y tranquilizarse al escucharla, pudiendo suceder lo mismo con su padre, siempre y cuando se haya mantenido cercano y le haya hablado directamente al vientre de su madre con voz sonora y amorosa, durante todo el embarazo.

De acuerdo al test de maduración Denver II, un bebé puede ser evaluado en su maduración mes tras mes. A continuación expondremos algunas de las respuestas neurológicas que se espera deben demostrar los bebés conforme van creciendo.

❖ **Un mes**: muestra movimientos parejos en brazos y piernas, puede levantar la cabeza, responder al sonido de una campana, emitir sonidos, seguir con la vista un punto, sonreír espontáneamente.

❖ **Dos meses**: empieza a sentarse con apoyo y a sostener la cabeza, hace sonidos como mmmm, ooolaaa, empieza a reírse y a chillar, fija la vista en sus manos.

❖ **Tres meses**: mantiene la cabeza firme, empieza a voltearse, junta sus manos, sigue con la vista un punto 180°, fija la vista en objetos con intención de alcanzarlos.

❖ **Seis meses**: se sienta sin apoyo, voltea hacia la voz, imita sonidos de lenguaje, pasa un objeto de una mano a otra, sigue la caída de un objeto, alcanza juguetes.

❖ **Nueve meses**: se pone de pie con apoyo, dice papá y mamá, golpea dos cubos con las manos, indica deseos, se sienta de la posición parado, empieza a beber en taza.

❖ **Doce meses**: se agacha a recoger objetos, empieza a caminar, reconoce su nombre, entiende el significado del "no", dice de dos a tres palabras además de papá y mamá, muestra afecto, dibuja garabatos con crayolas.

¿Se puede mejorar la inteligencia intelectual?

Algunas personas opinan que el cerebro de los niños funciona como si fuera una computadora que hay que ir alimentando de datos para que dé mejor servicio, aún se desconoce cómo funciona todo esto dentro de esa diminuta cabecita, pero el hecho es que funciona, y mejor si se le estimula.

Los científicos de esta rama han puesto al descubierto que los estímulos pueden aumentar ciertas sustancias bioquímicas en el cerebro que lo ayudan a desarrollarse mejor. Y como ya se ha ido mencionando anteriormente, el medio ambiente que se le ofrezca al niño tendrá un gran efecto en el aprendizaje.

La cantidad de estimulación cualitativa se cree que está relacionada con el desarrollo óptimo del cerebro. Toda persona cercana a los niños puede ayudarlos a alimentar esas maravillosas células de su pensamiento proporcionándoles experiencias visuales, auditivas, táctiles, olfativas y gustativas. Por medio de estos estímulos, es mucho más probable que se eleven sus niveles intelectuales.

Pero, alto, no exagere, no intente hacer de su hijo un genio; ya que se ha reconocido que abrumar a los pequeños con excesos de estimulación sensorial podría llegar a ser a tal grado dañino que caería en el error de presionarlos, terminando por convertirlos en niños apáticos y aburridos hacia el aprendizaje.

Uno de los aspectos fundamentales para estimular la inteligencia intelectual de niños y niñas es ejercitar su lenguaje; es indispensable para su desarrollo mental y para lograrlo conviene hablarles mucho y cantarles todo el tiempo, desde los primeros días de nacidos.

Existen en las librerías apartados infantiles donde se pueden encontrar libros en plástico flexibles y acojinados con ilustraciones y letras especiales para bebés y niños pequeños con el fin de desarrollar el interés por la "lectura" y así desde los primeros años se acostumbrarán a maniobrar con ellos. Leerles cuentos desde muy pequeñitos les ayuda a entender lo que se les habla mucho antes de que ellos puedan hablar. Y con los mayorcitos practicar esta actividad es un buen recurso para introducirlos en el gusto por el aprendizaje formal.

Otro recurso para estimular la inteligencia intelectual es ejercitarle sus brazos y piernas, esto se puede hacer permitiéndoles moverse en un espacio libre y abierto como podría ser el piso, proporcionándoles objetos para que inicien el arrastre al intentar alcanzarlos.

A la edad de nueve o diez meses es necesario darles por igual la oportunidad de los espacios libres para gatear dentro de la casa. Y a partir de estas edades, algo indispensable que agregar son las visitas al parque: es algo especialmente útil para el desarrollo de las habilidades motoras, además de que es gratis. Se recomienda acudir a estos lugares con frecuencia, ya que esto les permite ejercitar todo su cuerpo porque pueden correr, trepar, usar carritos de arrastre, triciclos, bicicletas, lanzar pelotas o brincar la cuerda y además la oportunidad de socializar interactuando con otros niños.

Como principio fundamental, es necesario agregar que en todo este refuerzo para el desarrollo de la inteligencia infantil, el mejor estímulo que cualquier niño pueda necesitar son ¡su papá y su mamá!

31

Importancia de los juguetes y desarrollo de la inteligencia intelectual

Los juguetes son indispensables para el crecimiento intelectual de los niños de todas las edades específicamente para estimular el aprendizaje, siempre y cuando se seleccionen adecuadamente; éstos deben ser apropiados para su edad, deben cubrir su nivel de interés y su grado de madurez psicológica.

En general, hasta la edad de cinco o seis años los juguetes más simples son los mejores porque promueven la imaginación. Cuando se les proporciona el juguete adecuado a su edad, interés y nivel de desarrollo, los niños logran ejercitar sus sentidos, ya que a través del juego, obtienen diversión, placer y desarrollo de sus habilidades.

Navidad es una fecha en la que por lo general se acostumbra regalar juguetes y muchos padres desconocen la importancia y función de éstos, por lo que se desilusionan ya que invierten fuertes cantidades de dinero y en un instante los pequeños acaban por ignorarlos o romperlos, sobre todo los electrónicos, pues con ellos el niño o la niña sólo se dedica a mirar y esto pronto los aburre terminando por divertirse con las atractivas cajas y envolturas de los regalos. Y cuando al tipo de regalo se le agrega la cantidad en exceso, lo más seguro es que se pierda el estímulo porque se les empieza a crear el principio de saciedad.

No hay que olvidar que los niños piden todo lo que ven y los papás, sobre todo en estas fechas, no pueden frustrar las ilusiones de sus niños, por lo que caen junto con ellos en la trampa de la publicidad. Hay que reconocer que todo esto empieza por los papás, pues desde antes de su llegada al mundo ya le han invadido su cuarto como si fuera un simulacro de juguetería.

Con este manejo del juguete se corren dos riesgos: uno que no aprendan a valorar y otro que se les pueda crear una dependencia hacia los objetos, pues rápidamente se habitúan a ellos, por lo que cada vez necesitan más, para despertar nuevamente el interés perdido por la cantidad.

Juegos y juguetes para estimular la inteligencia intelectual de 0 meses a 3 años

Todas las actividades que se realicen con el bebé o el niño (a) durante el día, deben aprovecharse para su estimulación, aunque el recién nacido duerme veinte horas aproximadamente en intervalos de tres a cuatro horas, el tiempo de vigilia es indispensable para su aprendizaje.

✿ 0 - 1 mes

- Coloque su cara frente a él (ella) y muévase despacio de izquierda a derecha mientras le habla. Repítalo con frecuencia durante el día y con esto lo reforzará la memoria visual.

- Ponga un objeto grande (pelota por ejemplo) que sea de un solo tono y de color vivo frente a los ojos del bebé, y muévalo de izquierda a derecha una vez que fije la vista. Hágalo varias veces durante el día con el mismo objeto diciendo el color que le muestra, repita el ejercicio con otros colores para colaborar en la discriminación visual y auditiva.

- Abra la mano del bebé y frótele la palma con el dedo, continúe con la otra mano y experimente con otros materiales, para desarrollar el tacto y la capacidad de asir.

- Ponga cerca de su cuna una cajita de música o un tocacintas con música suave, especialmente cuando sea hora de dormir, utilizando siempre la misma melodía, con el fin de reforzar la memoria auditiva.

✿ 1 - 2 meses

- Para estimular la fuerza motora y la habilidad de agarrar utilice el reflejo palmar. Coloque al bebé boca arriba y ponga sus dedos índices en la palma de su manita y estírelo despacio hacia arriba hasta sentarlo y vuélvalo a acostar.

- Una forma de reforzar la discriminación auditiva y la coordinación auditiva visual es teniendo a la mano dos sonajas de diferente sonido, el ejercicio consiste en hacer sonar una de ellas a un lado de su cabeza y cuando voltee y lo mire hacer sonar la otra sonaja en su lado opuesto.

- Ejercitar los músculos de sus piernas y sus brazos e iniciar la coordinación; se puede hacer flexionándole con suavidad las piernas como si fuera en bicicleta.

✿ 3 - 4 meses

- Los móviles o colgantes estimulan la coordinación ojo-mano y se puede reforzar bajando un poco el estímulo para que intente alcanzarlo provocando que lo logre, en seguida se vuelve a colocar en su lugar y se procura cambiar el juguete con frecuencia. Los mejores son los que usted le pueda hacer con un hilo y diferentes objetos de papel o plástico, utilizando los mismos colores que está introduciendo en otros juguetes.

- Para estimular el lenguaje, cárguelo y póngalo frente a usted con cierta cercanía a su boca para que le llame la atención al pronunciar sílabas ma-ma-ma, pa-pa-pa.

- Llámelo (a) siempre primero por su nombre para que desarrolle su identidad aunque después le mencione otras palabras cariñosas.

✿ 5 - 6 meses

- Para reforzar la independencia física juegue a las escondidas, asómese y llámelo por su nombre y cuando lo encuentre vuelva a esconderse.

- Colocar dos juguetes pequeños que pueda manipular y meterse a la boca, una vez que ha tomado los dos ponerle otro enfrente y así hasta darle cuatro. Esto con el fin de que ejercite el tacto y la motricidad fina.

- Para el mismo estímulo siéntelo de cara a una mesa y sobre de ella ponga una pasa tan cerca como pueda alcanzarla hasta poder comérsela; repita el juego tres o cuatro veces.

✿ 7 - 8 meses

- Para continuar con las habilidades motrices finas proporciónele un recipiente y varios objetos que pueda sujetar con su mano y enséñele cómo meterlos en el recipiente, déle uno para que lo haga igual.

- Todo lo que le vaya a dar para comer déselo en la mano para que por sí mismo se lo coma.

35

- Ponga tres cubos frente a él (ella) y enséñele a apilar dos y luego tres. Esto le refuerza el equilibrio fino.

- Cárguelo por debajo de los brazos y ejercítelo sobre el piso a que dé brincos. Esto es necesario para desarrollar la fuerza de sus músculos.

✿ 9 - 10 meses

- Para estimulación del lenguaje, dígale el nombre de todos los objetos que le dé y anímelo (a) a que lo repita.

- Refuerce el gateo haciéndolo con él (ella) y jugando a las escondidas.

- Póngale una música rítmica y proporciónele dos tapas o cualquier cosa que pueda golpear una con otra para seguir el ritmo.

✿ 11 - 12 meses

- Estimule la marcha. Hágalo caminar tomándolo de las dos manos para que dé pasitos, no lo suelte para que sienta confianza y poco a poco retírele una mano hasta lograr que camine por sí solo.

- Coloque un juguete sobre un mueble que quede a su altura y anímelo a pararse para alcanzarlo. Puede hacer lo mismo, parándose muy cerca frente a él (ella) invitándole a que lo alcance.

- Refuerce la obediencia mandándole órdenes simples, como "dame", "ten", "ven".

- Permítale que coma por sí mismo (a) aunque se ensucie, proporciónele una cuchara y enséñele a usarla.

- Estimule el proceso de comparación con juguetes de acomodar uno dentro de otro de grande a chico. Juegue con el niño haciéndolo usted primero.

✿ De un año a año y medio

- Enséñele el esquema corporal a partir de su propio cuerpo, utilice el espejo para que se refleje y se reconozca, y diga los nombres del cuerpo al señalarlos.

- Ejercite la coordinación motora fina proporcionándole libros con dibujos, hojas y crayolas para rayar.

- Llévelo a lugares nuevos al aire libre y exploren juntos la naturaleza.

- Muéstrele dibujos con objetos o animales y repita sus nombres animándole a que lo haga; corrija si se equivoca repitiendo correctamente.

✿ De año y medio a dos años

- Introduzca en el aprendizaje conceptos de cantidad, tamaño, permanencia de objetos, figuras geométricas. Lo puede hacer dándole tres objetos contando uno a uno, proporciónele dos vasos para que ensaye a pasar de un vaso a otro. Muéstrele dos juguetes y escóndalos detrás de usted e indíquele que los busque. Préstele tijeras de puntas redondas para recortar, y un hilo y cuentas para ensartar. O también es conveniente una caja de arena con pala y cubeta.

- Cómprele un triciclo y enséñelo a pedalear, juguetes para jalar y arrastrar. Cochecitos, camiones, juguetes martilladores y golpeadores.

✿ Dos a tres años

• Es la etapa de los juegos sedentarios, ya que se están desarrollando rápidamente las habilidades intelectuales. Proporciónele materiales para pintar, dibujar garabatos, y rompecabezas de 6 a 8 piezas.

• Refuerce la lateralidad en todo momento con órdenes como: pon esto adelante, atrás, a un lado, camina a la derecha, a la izquierda.

• Haga referencia al color y al tamaño de los objetos.

• Déle objetos de diferentes colores y tamaños y que juegue a clasificar, siempre hágalo usted primero y cerciórese que lo haya captado.

✿ Tres a seis años

Se encuentra en un periodo de ejercitar sus habilidades intelectuales y físicas por lo que requiere de los siguientes tipos de juguetes:

• Juegos simples de mesa, materiales de artes, trajes de disfraces para estimular la fantasía, juegos que enseñen números y letras, patines, rompecabezas, grabadora, sellos para poner letras y figuras.

✿ Seis a doce años

Sus destrezas están casi formadas, los de 6 a 8 requieren perfeccionarlas pero pueden realizar todo lo que se propongan. Juegos y juguetes adecuados a su desarrollo son:

• Tenis, basquetbol, fútbol, bicicleta, trampolín, juegos de mesa, juegos para armar (aviones, barcos, etc.), instrumentos musicales, radio, patines, patineta, libros, cuadernos para coleccionar, Nintendo.

La inteligencia intelectual y el rendimiento escolar

Por lógica podría pensarse que a todos los niños poseedores de una inteligencia promedio, o superior al promedio, les debería ir bien o muy bien en sus habilidades de aprendizaje escolar y por consecuencia obtener buenos grados en sus calificaciones. En general, más o menos así funciona la regla, pero hay casos en que no. El alumno o alumna parecen inteligentes por su forma de responder o de conducirse, y sin embargo en lo que respecta al rendimiento académico no les va nada bien.

Para este problema, que llega a abarcar a un 10% de la población, puede haber varias explicaciones; una podría ser una dificultad en la formación de hábitos que trae consigo un desinterés por no encontrarse en el nivel de competencia, o alguna dificultad emocional familiar, o lo que es más común y que por desgracia en la mayoría de los casos no se atiende de raíz, es un problema de aprendizaje. Esto quiere decir que es un trastorno, lentitud o inmadurez en el desarrollo en uno o más de los procesos mentales que se relacionan con el habla, el lenguaje, la escritura y/o los conceptos numéricos y no corresponden a un retraso mental, ya que llegan a medir en las pruebas de habilidades mentales niveles de inteligencia promedio o incluso superior al promedio. Pero en sí, lo que les impide el aprendizaje es la poca capacidad de atención y concentración por alteraciones en la percepción visual o auditiva, o en las áreas de memoria remota o inmediata. Todo esto es lo que se conoce como inmadurez en habilidades o problemas de aprendizaje y las causas pueden ser: falta de estimulación temprana, alteraciones auditivas o visuales, problemas de lenguaje o desorden deficitario de la atención.

Cuando los niños no logran un buen rendimiento académico y no es precisamente por baja inteligencia, lo primero que conviene explorar son las funciones perceptuales visuales, a menudo parte del problema proviene del hecho de que no se ha desarrollado una constancia de formas; esto significa que el niño cada vez que ve una letra le parece diferente y por consiguiente le resulta imposible memorizar sus formas para traducirlas una vez unidas en palabras.

La mayor parte de los escolares con problemas de aprendizaje en la lecto-escritura van aprendiendo a fuerza, no se les detecta el problema perceptual y los niños acaban pseudo aprendiendo a leer, es decir, hacen sus propios estilos y muchas veces memorizan textos. Así van pasando de grado o en algún momento no logran pasar y a pesar de esto conforme "avanzan" van arrastrando dificultades porque a fin de cuentas el aprendizaje en todas las materias, aun matemáticas, tienen que ver con la lectura. Generalmente son niños que fallan en ortografía, lectura de comprensión y gramática, aunque pueden ser buenos para las mecanizaciones numéricas.

Otra de las razones que pudiera afectar el aprendizaje es la relacionada con la falta de integración entre la percepción visual, la percepción auditiva y la función motora. Esto es por ejemplo, la incapacidad para trasladar un estímulo visual a una actividad motora correcta como la de copiar letras o palabras del libro, y con mayor dificultad del pizarrón. En lo que despegan la vista del estímulo para escribirlo en el cuaderno ya se perdieron y esto es volver a empezar, situación que los hace tardarse mucho en la ejecución de los trabajos, por lo que acaban distrayéndose con cualquier cosa dejando inconcluso lo que la mayoría de los compañeros termina.

Los niños con problemas de aprendizaje y al mismo tiempo inteligentes tienen dificultades para hacer comparaciones, generalizaciones, juicios, clasificaciones y razonamientos sobre hechos determinados.

Generalmente estos problemas no son detectados, lo único que los papás saben es que su hijo no logra aprobar las materias y para solucionar el bajo rendimiento se concretan a proporcionarle clases de apoyo extra-escolar. Resolver el problema de esta manera es como darles una aspirina, en estos casos este tipo de refuerzo sólo sirve para medio salvar el siguiente día con las tareas y así pueden pasar año tras año hasta que se cansan de batallar decidiendo al fin no continuar.

Los niños que se encuentran atrapados en un problema de aprendizaje, necesitan terapia psicopedagógica para nivelar las áreas de inmadurez. Cuanto antes sea el diagnóstico, mejor será el pronóstico, y es de esperar que una vez que madure las habilidades deficientes, estará preparado para recibir el aprendizaje normalmente y proseguir el camino escolar a la par de sus compañeros y de su capacidad intelectual. La siguiente es una tabla de medidas de coeficiente intelectual con su clasificación correspondiente, utilizada en la medición de las pruebas de inteligencia.

C.I.	CLASIFICACIÓN
69 ó menos	Retardo mental
70 a 79	Limítrofe
80 a 89	Promedio bajo
90 a 109	Promedio
110 a 119	Promedio alto
120 a 129	Superior
130 y más	Muy superior

La inteligencia intelectual en los jóvenes y los adultos

El aprendizaje, la memoria, la resolución de problemas y otros procesos cognoscitivos continúan a través de la vida adulta. Los estudios realizados sobre las capacidades intelectuales indican que los individuos con más educación académica tienden a incrementar sus puntuaciones en las pruebas de inteligencia por un periodo más largo durante la edad adulta, que aquellos con menos educación.

Las destrezas que se usan con frecuencia se mantienen mejor que aquellas que no se ejercitan. Por ejemplo, las personas que han trabajado con números conservan a lo largo de su vida la agilidad en las mecanizaciones y la comprensión abstracta; los arquitectos conservan sus destrezas visuales y espaciales a niveles promedio superior; y las personas en general, seguimos desarrollando otras destrezas cognoscitivas como el juicio y el razonamiento.

Parece ser que algunas destrezas alcanzan su nivel máximo en los últimos años de la adolescencia; por ejemplo, la velocidad de respuesta y la memoria de repetición. Aunque tal vez estas destrezas tengan una base fisiológica, este hecho no es del todo seguro porque muchos adolescentes en esa época son estudiantes de tiempo completo y el hecho de practicar continuamente dichas destrezas dan como resultado que se vean aumentadas en las pruebas de inteligencia.

El investigador Warner Schaie refiere que durante la infancia y la adolescencia, adquirimos estructuras cada vez más complejas para la comprensión del mundo. Menciona que el centro del desarrollo cognoscitivo en la edad adulta no es una capacidad ampliada o un cambio en la estructura, sino más bien el empleo de la inteligencia en las diferentes etapas durante el transcurso de la vida.

El deterioro de la inteligencia intelectual a través de los años es un mito; se tiene estudiado que la mayor parte de las destrezas mentales permanecen intactas e incluso llegan a mejorar con el tiempo.

Se habla mucho de la pérdida de memoria en la vejez pero en realidad muchos de los problemas que padecen algunas personas de edad avanzada no son consecuencias inevitables de la edad; está plenamente comprobado que el deterioro de la inteligencia tiene que ver más con la salud deficiente, la mala alimentación, el consumo de alcohol, medicamentos, la genética y la inactividad, que con la edad misma.

La inteligencia intelectual se puede mantener y/o mejorar en la edad adulta ejercitándola de la manera siguiente:

🖎 Lo principal es mantenerse en actividad.

🖎 Leer diariamente, por lo menos el periódico del día.

🖎 Evitar en lo posible las desveladas.

🖎 Alimentarse sanamente, evitando o reduciendo grasas y alimentos con azúcar refinada.

🖎 Evitar el consumo de alcohol y cigarrillos.

🖎 Practicar juegos de cartas.

🖎 Organizar reuniones con grupos de personas frecuentemente.

🖎 Ejercitar la memoria inmediata intentando recordar diariamente con detalles las actividades que realizó un día anterior y esforzarse por recordar tres o cuatro días atrás.

Warner Schaie (1977-1978) se abocó a la investigación de la inteligencia en los adultos y describe así las etapas del desarrollo cognoscitivo adulto.

Menciona que el adulto joven (20-30 años) se encuentra en la etapa de realización. Aquí la inteligencia se usa sobre todo para resolver problemas de la vida real que tienen implicaciones a largo plazo, tales como la elección de un trabajo o una esposa o esposo. En la edad madura, entramos en la etapa de la responsabilidad. Ahora se deben considerar responsabilidades para con la pareja, los hijos, los compañeros de trabajo, y la comunidad en general, en la toma de decisiones y resolución de problemas abstractos.

Hacia la vejez, el uso del conocimiento y la inteligencia cambia otra vez. Es la etapa integradora, cuando la gente recobra el contacto con sus propios intereses, valores y actitudes. En realidad sólo interesan los problemas de la vida diaria, quedando atrás el deseo de figurar y regresando de alguna forma a la manera de responder de la etapa de adquisiciones. A continuación, se muestran las etapas de Schaie del desarrollo cognoscitivo adulto.

Etapas del desarrollo intelectual adulto, según Schaie			
Infancia y adolescencia	Etapa adulta temprana	Edad media	Vejez
			Integración
		Responsabilidad	
		Ejecución	
	Logros		
Adquisiciones			

Inteligencia fluida frente a inteligencia cristalizada

En las pruebas de C.I. para adultos se miden dos tipos de inteligencia: la inteligencia fluida, que se refiere a la velocidad y eficacia de los factores neurológicos y fisiológicos, es decir que es concebida biológicamente y

45

se beneficia poco de la educación o experiencias culturales; y la inteligencia cristalizada, que se refiere a la
reserva de conocimientos que se acumulan poco a poco
y que se adquieren a través de la educación formal y del
contacto diario con la cultura.

Las capacidades para razonar con rapidez y recordar
cantidades bastante grandes durante poco tiempo son
ejemplos de inteligencia fluida. Dentro de este tipo de
inteligencia se ecuentran capacidades como la velocidad motora, la memoria, la inducción o percepción visual. Se le llama fluida porque puede orientarse a
actividades intelectuales de percepción, reconocimien-
to, aprendizaje, análisis y solución de problemas.

La inteligencia fluida puede ir avanzando hasta la
adolescencia tardía y luego disminuye paulatinamente
a lo largo de la adultez.

La inteligencia cristalizada es la capacidad de proce-
sar y registrar el tipo de información que se requiere para establecer relaciones personales, emitir juicios de
valor o analizar problemas y usar estrategias aprendi-
das para encontrar soluciones a los mismos.

Ciertos tipos de pruebas como el razonamiento verbal, el vocabulario, la comprensión y la percepción es-
pacial incluyen muchos aspectos de la inteligencia
cristalizada. A diferencia de la inteligencia fluida, la inteligencia cristalizada aumenta a lo largo de la vida con
la condición de que el sujeto esté alerta y sea capaz de
recibir y registrar la información. Se necesitan excelen-
tes capacidades fluidas para adquirir las cristalizadas
de alto nivel.

Los estudios sobre esta inteligencia demuestran que
se obtienen calificaciones más altas a los cincuenta
años que a los veinte en aspectos de conocimientos y
experiencia. En otro estudio se mostró cómo la gente

con mayores oportunidades de estimulación ambiental, más satisfacción con la vida, menos ruido en su entorno, una familia intacta, una buena interacción social e influencias culturales, tiene una mayor conservación e incluso un incremento de las capacidades intelectuales confirmando de esta manera que la inteligencia cristalizada sustituye a la inteligencia fluida en la edad adulta.

Existen numerosos ejemplos de personalidades que han llegado a la vejez y conservan intactas sus capacidades intelectuales o incluso más elevadas que años anteriores; como caso mencionaré a Benjamin Franklin, que a los ochenta años intervino de manera decisiva en la redacción de la constitución; o la norteamericana Barbara McClintock, de ochenta y tres años, que aún continúa la investigación que hizo avanzar mucho la comprensión de la organización y funcionamiento de los genes.

Los logros de las personas ancianas productivas muestran que la creatividad y vitalidad intelectual puede durar toda la vida.

¿Qué es la inteligencia emocional?

La inteligencia emocional es la capacidad o habilidad para controlar los impulsos emotivos ayudándonos a resolver los problemas de manera pacífica y proporcionándonos bienestar.

El término inteligencia emocional fue establecido por los psicólogos Peter Solovy y John D. Mayer en 1990. Este término sustituye lo que anteriormente se denominaba carácter. La diferencia estriba en que el estudio del carácter y su aplicación se concentraba en los especialistas de la conducta hasta que el Dr. Daniel Goleman en 1995 escribió el libro *Emotional Inteligence* para el conocimiento del público en general. Aunque el término parece cuestión de moda, no es adecuado pensar en ello como moda porque las modas son pasajeras y las emociones forman parte de los seres humanos.

En general se piensa que las personas poseedoras de una brillante inteligencia intelectual tendrán el éxito asegurado de por vida; en cierta forma podría ser verdad, pero numerosos casos nos dicen lo contrario: estudiantes con menciones honoríficas no tienen el éxito esperado y estudiantes medios o hasta malos alcanzan puestos que nadie hubiera sospechado.

¿A qué se debe todo esto? La respuesta se encuentra seguramente en el desarrollo de la inteligencia emocional. Diversas investigaciones realizadas sobre las emociones refieren que en muchos casos las personas que han logrado éxito en el desempeño de su trabajo no eran precisamente los mejores estudiantes, pero tenían otras cualidades que no fueron detectadas en los que tuvieron calificaciones de excelencia, los primeros fueron niños y después adultos que aunque no estudiaban con ahínco, sabían resolver sus problemas en forma práctica y agradable y se las ingeniaban para divertirse y convivir aun en época de exámenes. Sabían insistir con los maestros y compañeros en forma oportuna cuando deseaban obtener algo, ya fuera para solicitar prórrogas o asesorías especiales, u oportunidades para mejorar calificaciones; en resumen, sabían resolver sus problemas.

Todos los que actúan con inteligencia emocional son el tipo de persona que resuelve con firmeza y valentía los problemas, reconoce sus errores, sabe pedir y aceptar opiniones, consejos y críticas permitiéndose de esta forma progresar. Por el contrario, las mentes brillantes piensan que lo saben todo, razón por la cual les cuesta trabajo aceptar ayuda y opiniones, y se van quedando rezagados en los ascensos que no está en sus manos controlar.

Para definir mejor la inteligencia emocional mencionaré lo opuesto con ejemplos de conductas en donde las personas reaccionan con deficiencia emocional.

- Un hombre de cuarenta años es un experto en administración, pero generalmente llega tarde y discute con todos, hace dos días que ha estado hablando mal de la empresa con los empleados.
  ¿La razón? No le dieron el puesto que cree merecer.

- Un adolescente de 16 años acaba de romper la puerta de su cuarto con un puñetazo.
  ¿La razón? No le dan permiso de ir a la disco porque no cumple con la hora de regresar a casa.

- Una niña de dos años se tira al suelo pataleando y gritando en el supermercado.
  ¿La razón? No le compran la paleta que acaba de ver en la entrada.

- Una mamá le pega a su hijo de ocho años.
  ¿La razón? Reprobó la materia de matemáticas por tercera ocasión.

- Un niño de ocho años le da una patada a un compañero.
  ¿La razón? Dice que le cae mal.

- Un papá y una mamá se pelean a gritos y ofensas.
  ¿La razón? No tienen dinero para pagar las deudas.

De todos es conocido que la falta de control de impulsos o de control en las emociones nos pierden a tal grado que nos ocasionamos problemas y se los ocasionamos a los demás. Pero aquí hay un punto importante que aclarar, observamos que el problema más serio del desborde de impulsos emocionales en las personas se encuentra en la relación con la familia.

Resulta una incongruencia ver cómo se comportan algunas personas con los seres que se suponen son los más queridos.

En muchos hogares se observan diariamente escenas que protagonizan padres e hijos que cualquiera diría que se odian; también se encuentran en los periódicos casos de maltrato intrafamiliar donde aparecen niños muertos por los golpes de sus padres, esposos balaceados y apuñalados, y dramas que parecen sacados de las películas de terror más premiadas.

Es un hecho muy preocupante reconocer cómo la falta de control de los impulsos crece cada día más y parece que no hay nada que lo detenga.

Pero, y ¿cuántos más hay que no salen en las noticias y por igual maltratan? ¿Cuántos papás y mamás gritan, pellizcan, zarandean, ofenden y golpean desde el amanecer a sus niños por un sinnúmero de razones? ¿Cuántas parejas hay que según ellas no dañan a sus hijos porque no se pelean delante de ellos? ¿Creen que hacen bien y dan por sentado que no los oyen porque se "esconden" tras una puerta para faltarse al respeto, amenazarse ofenderse y hasta golpearse?

La mayoría de la personas, y me voy a referir específicamente a los padres y esposos(as) con deficiencia emocional, cuando pelean, gritan o pegan a sus seres "queridos" aparentemente dicen sentirse culpables por su actuación y de alguna forma se justifican porque afirman que cuando se enojan no se pueden controlar y estallan. Sin embargo, yo les pregunto. ¿Realmente no se pueden controlar, o no se quieren controlar?

Yo pensaría que más bien no se quieren controlar porque no podrán negar que en el trabajo, con los amigos o con las autoridades policiacas sí pueden.

Lo que sucede es que con la familia, que se supone que es la que deben tratar con el mayor respeto y cariño, abusan por la confianza y el poder, porque internamente este tipo de personas creen que los demás los tienen que aguantar, y seguramente lo logran, al menos por un tiempo, sobre todo en el caso de los hijos. No miden que ese aguante más tarde se puede convertir en rebeldía, vandalismo, drogadicción, irresponsabilidad y por supuesto en un carácter explosivo aprendido de su mejor modelo.

En el caso de la esposa o el esposo que es víctima de una pareja con deficiencia emocional, el aguante es relativo, algunas personas buscan su dignidad optando por la separación o el divorcio, otras toleran por comodidad económica, pero la tolerancia se puede convertir en venganza a través de una infidelidad, desatención, agresión encubierta, rechazo a la vida sexual o cualquier forma que apoye comenzar los malos tratos.

Se cuentan por miles los casos de personas iracundas que pasan la vida ocasionando resentimientos, frustraciones y dolor pasivamente, sin intentar un cambio para acabar con ese mundo de agresiones.

Una niña de nueve años comentó en consulta: "quisiera que Diosito me cambiara por la comadre Irma, porque siempre que viene, mi mamá la trata muy bien y le ofrece todo lo que tenemos y hasta le cambia la voz y se ríe todo el tiempo con ella, y a mí siempre me grita, se enoja por todo y no me deja comer nada de lo que a ella le da".

Lo más triste de este caso es que la mamá de esta niña cree que la está educando correctamente porque le pone límites y le llama la atención cuando se porta mal, y esto estaría muy bien para la formación de su personalidad, el problema estriba en "cómo" la corrige que la hace parecer que no la quiere.

La inteligencia emocional se aprende y se desarrolla, y aunque existe una carga genética heredada de los padres en cuanto al tipo de carácter, es bien sabido que éste se puede modificar; es decir, que si los padres, a pesar de tener carácter fuerte o explosivo, se saben controlar es porque han aprendido a manejar sus emociones. Lo más seguro es que su hijo tendrá predisposición al mismo tipo de carácter pero asimilará la manera controlada de comportarse de sus padres desarrollando un buen nivel de inteligencia emocional.

Cuando los niños viven con padres iracundos, impacientes y desesperados están aprendiendo las mismas formas de reaccionar y con toda seguridad sus respuestas ante cualquier situación serán iguales a la manera de actuar de sus padres.

Esto significa que el control o el descontrol de las emociones se aprende en mucho por lo que ven y reciben los hijos de sus padres.

Las deficiencias de los padres son más patentes cuando éstos hacen daño físico a sus hijos, pero hay diversos grados de malos tratos: cada año se maltrata física o moralmente a miles de niños, muchos de ellos menores de tres años; un porcentaje considerable de los casos incluye atentado sexual.

Los padres que abusan de sus hijos tienen deficiencia emocional o carácter iracundo y suelen ser menos inteligentes intelectualmente, agresivos, impulsivos, egoístas y tensos. Es muy probable que hayan sufrido malos tratos cuando eran niños. Así, el maltrato infantil se convierte en una cadena de generación en generación que sólo el deseo de cambiar y la voluntad puede romper.

¿Qué son las emociones?

La palabra emoción se deriva de la palabra latina *emovere* que significa remover, agitar, o excitar. Los seres humanos experimentamos una variedad de sentimientos o emociones que en algunos momentos no alcanzamos a diferenciar porque se entremezclan unos con otros. Un estímulo conlleva varios estados emotivos, por lo que es necesario detenerse a analizar lo que se siente para encajarlo y volver a la estabilidad.

Son seis las emociones consideradas puras y universales que nos hacen vibrar, éstas son: alegría, ira, enojo, miedo, sorpresa y tristeza. Dentro de ellas se encuentran otras variedades como la vergüenza, el amor, la decepción o los celos.

Las emociones son sentimientos que afectan el pensamiento, la voluntad y el estado psicofisiológico.

Las emociones se ubican en el cerebro, específicamente entre la corteza cerebral y el sistema límbico. La corteza es la parte pensante y es una capa plegada de aproximadamente tres milímetros que envuelve los hemisferios cerebrales y el sistema límbico que es la parte emocional que se encuentra alojada dentro de los dos hemisferios cerebrales y tiene la responsabilidad de regular las emociones y los impulsos. Incluye el hipocampo, donde se produce el aprendizaje emocional y donde se almacenan los recuerdos emocionales.

El hecho de que las emociones se encuentren en el cerebro no significa que no tengan que ver con el organismo, por el contrario al reconocer el cerebro cualquier emoción, en ese instante se provocan reacciones que alteran al individuo en general.

Por ejemplo, el caso de una mujer que se entera de que su esposo le es infiel, refiere que en el momento que conoce la deslealtad se le desencadenan reacciones que nunca pensó sentiría, menciona que empezó a llorar desconsoladamente, a gritar, sentía que el "corazón se le salía" y que la cabeza le "estallaría".

En este caso como en muchos otros se palpan las emociones intensamente y se observan reacciones físicas que no podemos controlar. El modo más objetivo de estudiar las emociones es por medio de la investigación de los cambios fisiológicos que se presentan cuando el individuo se encuentra trastornado o perturbado emocionalmente.

Fisiología de las respuestas emocionales

Todo el mundo sabe que dentro del organismo tienen lugar ciertos cambios cuando estamos perturbados emocionalmente. El enamorado pierde el apetito, tiembla cuando se encuentra frente a su amor, y hasta puede quedarse sin habla ante su presencia. El soldado de infantería en combate por primera vez siente que su corazón late fuertemente, suda frío y experimenta una sensación de vacío en el estómago, pone tensos sus músculos y está nervioso y sobresaltado por un posible ataque. Todas las personas experimentamos estas sensaciones en diferentes ocasiones.

Durante una experiencia emocional profunda el organismo reacciona de las siguientes maneras:

- Respuesta galvánica cutánea. Son cambios en la resistencia eléctrica de la piel; se mide por electrodos colocados en la palma de las manos.

- Elevación de la presión arterial y alteración del nivel sanguíneo de varios órganos.

- Aumento de la frecuencia cardiaca; en casos excepcionales, la persona puede experimentar dolores agudos alrededor del corazón.

- Respiración acelerada.

- Pupilas dilatadas de manera que entra más luz en la retina.

- Secreción salival disminuida, por lo tanto, resequedad de la boca y la garganta.

- Respuesta pilomotora, conocida como "carne de gallina".

- Alteración del aparato digestivo, aumento o disminución de la motilidad.

- Músculos tensos y temblor en las extremidades.

- Cambio en la composición de la sangre, elevación del azúcar sanguíneo.

Además de estas alteraciones fisiológicas, la médula suprarrenal secreta adrenalina a la sangre. La adrenalina eleva el azúcar de la sangre, hace que coagule más rápidamente y aumenta la presión arterial.

De manera externa se observan cambios en la expresión facial como la sonrisa o el llanto, sudación en el cuerpo (manos y pies), manifestaciones de ternura como besos, abrazos; o por el contrario gritos, golpes, amenazas, desmayos o vómito, los cuales pueden ser observados por los demás. Las emociones varían en intensidad, van desde estados moderados, que la persona puede controlar, hasta los estados que desorganizan la conducta.

Las emociones y la salud

Tradicionalmente la medicina ha buscado las causas orgánicas de las enfermedades, y la investigación médica se ha dirigido hacia la comprensión y dominio de los factores orgánicos. La Asociación Nacional para la Salud Mental calcula que de cada dos pacientes que buscan atención médica, uno sufre de alguna enfermedad relacionada con trastornos mentales emocionales. Esto no significa propiamente que las quejas de estas personas sean imaginarias o que todo sea mental, significa que los trastornos mentales y emocionales en cierto modo han contribuido a la enfermedad del paciente.

En algunos casos, los trastornos psicológicos producen síntomas somáticos que son totalmente imaginarios; en otros casos, el desajuste emocional contribuye a una enfermedad que es orgánica en su naturaleza; y en otros, los problemas psicológicos producen enfermedades orgánicas genuinas, éstas son las que conocemos como reacciones psicosomáticas.

Como ya se ha mencionado, las emociones fuertes producen cambios fisiológicos en todo el organismo. El sistema nervioso autónomo actúa para aumentar la frecuencia del latido cardiaco, la presión arterial y la respiración.

En una persona bien ajustada, los estados emocionales fuertes pasan rápidamente y poco a poco, el cuerpo vuelve a lo normal. Sin embargo, en algunas personas la descarga emocional no logra controlarse y permanece alta por lo que ocasiona trastornos fisiológicos.

Tipos de reacciones fisiológicas

Reacciones cutáneas, como el eccema alérgico, urticaria y de acné, y otros trastornos en los que los factores emocionales desempeñan el papel más significativo en la producción de estas enfermedades.

Reacciones esqueléticas, como dolor de espalda, calambres musculares y ciertos tipos de reumatismo.

Reacciones respiratorias, incluidos algunos casos de asma, rinitis espástica y bronquitis de repetición.

Reacciones cardiovasculares, que comprenden algunos ataques de trabajo excesivo del corazón, presión arterial elevada y dolores de cabeza tipo migraña.

Reacciones genitouriarias, como algunos tipos de trastornos menstruales, micciones dolorosas y constricción dolorosa de la vagina que interviene en algunos casos de frigidez.

Reacciones gastrointestinales, como úlcera duodenal, colitis, estreñimiento, pérdida de apetito.

Reacciones endocrinas, que comprenden aumento de tamaño de la glándula tiroides con los síntomas concomitantes de hipertiroidismo, obesidad u otros trastornos similares.

Reacciones del sistema nervioso, que incluyen reacciones de ansiedad, pérdida de fuerzas con fatiga, y dolores musculares.

Las emociones en los bebés y en los niños

Todas las reacciones emocionales fisiológicas pueden aparecer en chicos y grandes. Tan es así, que el estudio de las emociones ha tenido que remontarse a las primeras etapas de la vida del ser humano para investigarse.

Los niños deben aprender a manejar una amplia variedad de sentimientos desde los primeros años, como son la alegría, el cariño y el amor propio, y otros como el enojo, el miedo, la angustia, los celos, la frustración o el dolor. Los últimos no son agradables en lo absoluto pero tienen que aprender a lidiar con ellos para desarrollar el sentimiento de independencia y autonomía necesarios para ser competentes y exitosos.

Los bebés al nacer sólo tienen una manera de expresar sus emociones, y esto es a través del llanto. Esta es la primera y al parecer la única manifestación de que necesitan o sienten algo.

Un bebé llora al nacer y sonríe pocas semanas después, aunque no se ríe realmente hasta los cuatro meses como respuesta al estímulo; esto es resultado del desarrollo neurofisiológico, gracias al cual manifiestan cuatro patrones básicos de llanto.

1. Llanto de hambre: lo emiten en forma rítmica, pero aunque tenga este nombre no siempre se asocia con hambre, puede ser también por necesidad de cambio de pañal, frío o calor, o necesidad de compañía y afecto.

2. Llanto de frustración: se inicia con dos o tres gritos sin contener el aire y si no se atiende oportunamente puede pasar al llanto de furia.

3. Llanto de furia: hay variación de llanto rítmico, puede ser más corto pero más sonoro, por el exceso de aire

que toma entre un sonido y otro y puede ocasionar que el bebé llegue a vomitar de coraje si no se le atiende oportunamente.

4. Llanto de dolor: este tipo de llanto es duro, se presenta en forma repentina como resultado de algún problema físico.

Los bebés angustiados lloran más fuerte por más tiempo y de forma más irregular; son los niños que por alguna razón demandan más atención, por lo que necesitan infinita paciencia amorosa para evitar que desborden sus emociones.

Está demostrado que los bebés cuyas madres han respondido al llanto en forma regular, oportuna, con ternura y proporcionándoles calma, lloran menos y son más estables, se comunican más en forma de balbuceos, gestos y expresiones faciales que los que han sido tratados con rudeza, desesperación y medidas disciplinarias equivocadas.

Los bebés necesitan un poco de llanto, aproximadamente entre cinco a diez minutos después de que despiertan, pero al permitirles que lloren es necesario que se les hable para que escuchen la voz y disminuya su angustia. Dejarlos llorar en exceso les puede provocar sentimientos de abandono, y esto los puede hacer sentir inseguros, pues se les acentúan emociones negativas que no pueden rápidamente controlar.

Manejo de los sentimientos dolorosos en los niños

Temor y ansiedad

Ocurren casi en el 50% de los niños entre uno y cinco años. A los ocho o nueve meses, los bebés muestran miedo a los extraños, aunque esto lo superan naturalmente cuando van madurando y aprenden a reconocer que existe un mundo aparte del propio.

Los temores son temporales y obedecen a un yo inmaduro; pueden ser resueltos tranquilizando al niño y dándole protección. Cuando persisten, es recomendable prestar atención ya que en este sentido se estaría hablando de formaciones fóbicas que requieren ayuda especial.

Uno de los aspectos más importantes que los niños deben aprender a dominar, es la tensión ocasionada por el miedo y la ansiedad. Estas dos emociones no son sinónimos pero generalmente van unidas. El miedo es una repuesta a un estímulo o situación específica, por ejemplo, el temor que le tienen los niños pequeños a los perros grandes.

La ansiedad es un sentimiento de aprensión del que no se conoce su origen, por ejemplo, cambiarse de casa, el inicio escolar, el inicio del control de esfínteres. El miedo y la ansiedad son a veces producto de la imaginación infantil, pero también puede deberse al retiro del afecto que en numerosas ocasiones utilizan los padres para el control disciplinario; un ejemplo muy común de esto es cuando le dicen al niño "ya no te quiero, eres muy desobediente", estos mensajes provocan ansiedad y temor pues los niños por su yo inmaduro son susceptibles al abandono.

En ocasiones, la fuente de un temor proviene de una causa fácilmente identificable, como miedo al doctor que pone inyecciones. Otros miedos no son fáciles de entender, como la oscuridad, la hora de dormirse, sentarse en el inodoro o la regadera; se sabe que éstos se relacionan más bien con fantasías y pesadillas que con hechos reales, y algunas veces esas fantasías nacen de los conflictos propios del desarrollo con que el niño está luchando en esos momentos.

Aunque el temor y la ansiedad son emociones desagradables, son necesarias para aprender a protegerse del peligro.

Temores que presentan los niños por edades:

✿ 1 a 4 años

- A los extraños
- A los ruidos fuertes
- A las caídas
- Al doctor
- A la regadera
- A caerse al sanitario
- A los monstruos
- A la oscuridad

✿ 5 a 8 años

- A la muerte
- A los enemigos

- Al robo
- A los castigos
- A estar solo
- A quedar en ridículo
- A las tormentas
- A no tener amigos

✿ **9 años en adelante**
- A los más grandes
- A los exámenes
- A la competencia
- Al dolor
- A los terremotos
- Al alcoholismo de sus padres
- A los pleitos de sus padres

Ayudarlos a controlar el temor y la ansiedad

La mejor manera de ayudar a los niños a manejar el temor y la ansiedad es: primero, observar sus conductas para conocer sus reacciones y enseguida establecer una rutina de los sucesos del día anticipándoles los hechos para darles seguridad.

Otra forma de reducir las tensiones es evitar hacerlos partícipes de los conflictos conyugales y/o programas violentos de televisión. También ayuda, el poder reconocerles el miedo explicándoles que es natural que lo sientan y que todos lo sentimos, pero ellos, al igual que muchos, pueden superarlo; es conveniente estimularlos a que hablen de sus sentimientos dándoles apoyo y seguridad.

En estos procesos que a veces se alargan, es importante permitirles ciertas conductas inmaduras, ya que es mejor darles tiempo a que adquieran seguridad que presionarlos para que se comporten como niños de su edad, y es necesario explicarles claramente lo que sucede dándoles un sentido lógico de la situación. Dentro del manejo de los temores, al igual que muchos otros problemas que presentan los niños y niñas, es imprescindible evitar en lo absoluto la burla y los apodos, es tan común esta actitud por parte de los padres y familiares, incluso maestros, que frecuentemente se los oye decir "no seas miedoso, pareces niña" y a las niñas "ahí viene la llorona, no seas exagerada". El ponerlos en evidencia ante los demás es sumamente ofensivo y lejos de reforzarlos en la fortaleza del carácter, los humilla y aleja de las personas más importantes para su seguridad.

Algo que seguramente no falla, sobre todo si se acompaña con todo lo anterior, son los refuerzos conductuales como dulces, luz prendida, caricias afectivas, pensamientos positivos y rituales como la repetición de palabras en los momentos de temor o ansiedad, como: "yo puedo ser valiente" o "todo va a estar bien". Hay que tener presente que los temores son parte del desarrollo, sin embargo es necesario apoyarlos para que los superen sin dejar huella.

La ira

La ira es una emoción caracterizada por fuertes sentimientos de desagrado desencadenados por males reales o imaginarios. En los niños se presenta en mayor porcentaje en los varones que en las mujeres a la edad de dos a cuatro años. En los adolescentes no hay distinción, y en los adultos son los hombres los que con mayor facilidad la demuestran. La ira es una reacción violenta de breve duración desencadenada por alguna frustración cuando se prohibe, se niega o no se alcanza algo que se desea.

Se manifiesta en forma extrema con furia, gritos ofensivos, golpes o patadas. Los niños se tiran a suelo y se retuercen. Tanto los niños como los adultos pierden el contacto con el ambiente y no escuchan ni aceptan nada.

Por lo general, las personas responden a la ira de dos maneras: reprimiéndose o explotando. Se aprende a reprimir la ira desde el momento en que de pequeño se reciben mensajes como: "enojado y llorón no te quiero", "no debes enojarte con mamá, eso es muy feo". De esta manera las personas asumen que no deben enojarse porque se corre el riesgo de quedarse sin afecto, por lo tanto estructuran un tipo de personalidad inhibida e inasertiva provocando que los demás abusen y les falten al respeto.

Las personas que expresan la ira explotando ante cualquier estímulo, reaccionan con gritos, ofensas, golpes y por lo general al final con silencios prolongados.

Es de todos conocido que los padres y maestros son los principales modelos de los niños, desafortunadamente muchos de estos modelos son parte de una cadena de aprendizaje de emociones desbordadas, por lo que los pequeños a su vez repiten los patrones de conducta de las personas con las que conviven.

Los niños que expresan la ira explotando pertenecen a familias o grupos en donde todo el mundo grita para hacerse oír, y se defienden atacando antes de ser atacados.

Cómo expresan la ira las personas

Se conocen tres formas:

✘ Agresión directa o indirecta

- Agresión física, verbal o simbólica dirigida hacia el ofensor. Simbólica es en forma de idea, por ejemplo: "lo quiero matar".

- Negación o retiro de algún beneficio del cual, por lo general, goza el ofensor.

- Agresión, daño o lesión de algo o alguien importante para el ofensor.

- Comentar el hecho a una tercera persona con el fin de vengarse poniendo en mal al ofensor.

✘ Agresión desplazada

- Expresar la ira contra otras personas que no tienen nada que ver con la que ocasionó la molestia.

- Manifestar el enojo arremetiendo contra algún objeto no humano, destrozando o rompiendo cosas.

✔ Respuestas no agresivas

- Discutir con el ofensor, sin demostrar hostilidad.

- Hablar sobre el problema con una persona neutral, no implicada, sin intención de dañar al instigador.

- Superarlo con actividades tranquilizantes.

Tanto el dolor como la frustración conducen a la ira y provocan agresión. La frustración se produce cuando un obstáculo impide que los individuos logren algo que quieren o que alcancen una meta, necesidad o deseo. La frustración a menudo lleva a la ira, y es frecuente que se manifieste con agresión.

El conflicto es otro medio de frustración: casi dos terceras partes de los asesinatos en los Estados Unidos son cometidos por familiares, amigos o conocidos durante discusiones. Las personas que maltratan a los niños pequeños muestran una baja tolerancia a la frustración y suelen golpear en el momento en el que tratan de resolver el conflicto.

El dolor es otra causa que provoca la ira. Inmediatamente después de haber recibido choques eléctricos, ciertos animales atacan de manera refleja a casi cualquier cosa. Por igual, el calor intenso, los golpes físicos y otras fuentes de dolor estimulan respuestas agresivas de pelea.

A diferencia de muchos animales, los seres humanos no manejan el sufrimiento por medio de agresión refleja; sin embargo, cuando se les somete a experiencias desagradables dentro de un nivel físico o mental (olores pestilentes, altas temperaturas, información inquietante, insultos, humo irritante) están más dispuestos a agredir.

Las personas que se encuentran deprimidas parecen volverse más hostiles y listas para golpear.

Controlar la ira

Controlar la ira es demostrar inteligencia emocional, no es lo mismo controlar que reprimir, controlar es ser consciente del estado de enojo y tener la voluntad de manejarlo antes que nos maneje, de esta forma no se acumula y no perjudica, pues al racionalizarlo se acepta y se busca la mejor solución. Cuando se reprime, no se reconoce el sentimiento y esto puede ocasionar que el coraje salga de alguna manera que puede no ser sana.

Reforzar el control de la ira

Para reforzar a los bebés, a los niños o a los adolescentes en el control de las emociones es primordial que los padres sean autocontrolados, es realmente imposible pedirle a un niño que no grite o se controle cuando los que lo dirigen no saben manejar los conflictos con tranquilidad.

Cuando los hijos cometen faltas lo más común es que los papás se enojen y desesperen. Pongamos por caso una escena de la vida real; dos hermanos de siete y nueve años de pronto empiezan a pelear a golpes, el papá que está viendo el juego de fútbol los escucha y les empieza gritar: "¡dejen de pelear!", pero el pleito sigue y la ira se apodera del papá que desesperado saca el cinturón y les pega a los dos, el pleito lo termina diciéndoles: "para que aprendan a no golpearse".

Los adultos pueden aprender a controlarse a partir de la voluntad y podrán controlar la ira si practican la respiración profunda y repiten al ritmo de la respiración el sentimiento que experimentan; por ejemplo: enojado, enojado, enojado. Otra forma de intentar calmarse es cambiar de lugar y de acción, esto se puede hacer caminando, tomando un refresco o masticando un chicle o cualquier cosa que no afecte a los demás y que ayude a romper la ira del momento.

Si el enojo es con alguna persona, conviene hablar con ella una vez que se haya calmado; se puede iniciar la conversación diciendo: "quiero hablar contigo porque me sentí muy enojada por..." Y algo que es indiscutible para aliviar la ira, es la práctica de ejercicio, formar este hábito es la mejor medicina para prevenir y desahogar cualquier descontrol de las emociones.

Cuando estas formas de autocontrol se hacen propias, las personas se muestran más calmadas, más alertas, y con más disposición a enfrentar los problemas.

Una vez que los adultos han desarrollado el control de las emociones, podrán enseñar a los bebés a controlar la ira. Para esto es conveniente cargarlos por lo menos tres horas durante el día, en pequeños intervalos, y esto hay que hacerlo especialmente cuando no estén llorando y se encuentren despiertos, además de los momentos en que tienen que ser alimentados.

Para fomentar la tranquilidad y la relajación, hay que levantarlos con movimientos suaves, tranquilos, y palabras cariñosas. Ayuda usar un cargador delantero, ya que permite tener las manos libres, además de que proporciona contacto visual y cercanía para sentir los latidos del corazón de la madre o de la persona que los carga.

Los bebés demuestran ira porque se les ha dejado que lleguen a ese estado, generalmente hasta el año de edad pueden no llegar a desencadenar la ira si se les atiende oportunamente en sus demandas. En caso de que un niño se muestre iracundo, lo importante es ayudarlo a calmarse, y puede hacerlo de la siguiente manera:

- Identifique y satisfaga sus necesidades.

- Cárguelo, abrácelo con fuerza y háblele suavemente al oído.

- Sáquelo del lugar y llévelo al aire libre si el clima lo permite, o a un lugar más tranquilo.

- Cuando se empiece a calmar distráigalo utilizando un juguete.

- Evite que se vuelva a producir ese estado atendiéndolo a tiempo.

Ayudar a controlar la ira a niños de dos años en adelante

- No se burle, ni permita que los demás lo hagan; y no lo regañe, al menos en ese momento.

- Tómelo de los hombros y pídale que respire profundo y que lo vea hacerlo.

- Abrácelo y susúrrele: "tranquilo, todo está bien".

- Reconózcale el sentimiento "sé que estás muy enojado pero..."

- Cuando se vaya calmando invítelo a platicar sobre su coraje, y conduzca la plática a que reflexione de qué manera puede evitar estallar.

- Dígale que todos nos enojamos en alguna ocasión pero debemos aprender a controlarnos.

- Invítelo a que se calme retirándose a pensar a su cuarto.

- Cuando se haya calmado dígale que entiende que esté muy enojado, pero que así no se arregla nada.

- No conceda lo que no debe sólo para que se contente, por el contrario si el enojo fue por retiro de privilegio, indíquele cómo se lo puede ganar.

- Invítelo a que se lave la cara y que regrese a sus actividades.

La importancia de la sonrisa

La primera sonrisa del bebé aparece en el primer mes de nacido, pero no es de considerarse como respuesta emocional, pues sólo es un reflejo. En la segunda semana sonríen después de haber sido alimentados y cuando están dormidos, durante el segundo mes, responden de manera más selectiva sonriendo más a las personas que conocen que a las desconocidas.

Alrededor del cuarto mes de vida empiezan a reíse con fuerza y cualquier estímulo los provoca; entre los siete y nueve meses pueden responder con carcajadas a algunos juegos como las escondidas o cualquier otro que les cause novedad.

Generalmente se asocia a los niños con la sonrisa porque es de esperar que su corta edad les traiga menos responsabilidades y más posibilidades de jugar y divertirse; sin embargo, se ha observado que en los tiempos actuales los niños y los jóvenes se ríen cada vez menos; se considera que esto es debido a la carga de actividades y presiones de tiempo, además de los entretenimientos televisivos que se concretan en la violencia y el suspenso.

Y los adultos, bueno, pues no se diga, ellos están aún más lejanos de vivir con alegría por lo que la sonrisa esta más ausente.

Se ha reconocido que de los adultos, las personas que menos sonríen son las mamás ya que se pasan parte del día en labores rutinarias y son poco reconocidas y gratificadas, además de que gran parte de su trabajo es la educación de los hijos que implica corrección; por lo tanto, pocas veces se les ve sonreír dentro del hogar. Educarnos en el control de las emociones es estimular el cerebro a producir sustancias químicas que se asocian con la sensación de bienestar. La serotonina es una de esas sustancias que se ha comprobado en lo últimos diez años, interviene de manera importante en la vida emocional de los seres humanos, ayuda a inhibir el estrés y se asocia con una disminución de la agresividad y la impulsividad.

El cerebro de las personas se puede estimular para producir serotonina a través de una dieta saludable, disminuyendo grasas y azúcar refinada, haciendo ejercicio físico regularmente y con una cantidad apropiada de sueño.

Lo más nuevo en cuanto a elevar los niveles de serotonina se refiere, es sonreír y de preferencia a carcajadas. Los investigadores señalan que cuando las personas sonríen, los músculos faciales se contraen dando lugar a la disminución del flujo sanguíneo y enfriando la sangre, lo cual disminuye la temperatura de la corteza cerebral provocando la producción de la serotonina y desencadenando un estado de tranquilidad.

Los japoneses han seguido esta teoría encontrando buenos resultados en la productividad. En algunas empresas han instituido ejercicios que provocan la risa como parte de sus actividades de trabajo, y los hacen de la siguiente manera. Antes de iniciar labores, se reúnen por espacio de 15 a 20 minutos todos los empleados, incluyendo directivos y jefes, y forman un círculo para provocarse explícitamente la carcajada. Han encontrado que efectivamente todos ejecutan mejor su trabajo porque inician sus labores más relajados.

La herencia y la inteligencia emocional

La inteligencia emocional, al igual que la intelectual, tiene como base la herencia genética y la influencia ambiental; heredamos de los padres una predisposición a reaccionar, y aprendemos del ambiente una forma de responder, sea controlada o descontrolada.

Todas las personas heredamos ciertas características, algunas de las cuales están completamente determinadas por los genes, como el color de la piel, de los ojos o la estatura. Pero hay otras, como el carácter o la inteligencia emocional que sólo están influidos parcialmente, es decir, que las personas pueden modificar el carácter o sus reacciones emocionales si son educadas a controlarlas desarrollando así un tipo de personalidad mejor que el que les fue heredado.

Por el contrario, en los casos que desde pequeños no se logró desarrollar la inteligencia emocional, lo más seguro es que no habrá modificación del carácter, y así, estas personas podrán crecer y llegar a ser adultos pero la edad no les va a dar la garantía de que reaccionen adecuadamente. Son el tipo de personas que sufren y hacen sufrir a los demás porque pierden el control con facilidad cuando se ven expuestos a cualquier rechazo o mandato, y desencadenan conflictos en sus relaciones personales provocando despidos de trabajo y separaciones afectivas, porque además los caracteriza el pensamiento "yo tengo razón".

La personalidad se puede autoeducar y mejorar por medio de la voluntad. A lo largo de la vida el hombre va pasando por cambios y procesos de adaptación. De las experiencias que va teniendo a través de diversos conductos (la familia, los estudios, los amigos), selecciona las que resultan más beneficiosas y las vuelve a utilizar, para crear el "yo", que a su vez determinará su forma de ser.

Son falsas las teorías que indican que el individuo con deficiencia emocional heredada estará desahuciado, si así fuera los seres humanos seguiríamos comportándonos como cavernícolas. La experiencia nos aporta innumerables ejemplos de personas que con voluntad y constancia han logrado convertir sus defectos en virtudes perfeccionando su forma de ser.

La inteligencia emocional o carácter, al igual que la estatura, se hereda y se transmite por los cromosomas. Aunque la herencia biológica de los padres sea determinante, existe dentro de la inteligencia emocional, la emotividad que sí se puede modificar, ésta es la capacidad que tiene la persona para reaccionar ante los estímulos.

Cada uno de estos sentimientos se desencadena por situaciones que nos provocan placer o displacer. Los niños las experimentan desde que son bebés y a través de ellas van aprendiendo que no pueden tener todo lo que desean; mientras lo aceptan, esto los lleva a experimentar la gama de las emociones negativas.

Educarlos a controlar las emociones con calma y serenidad

Mucho se ha hablado de la importancia de crear un ambiente tranquilo y estable en la formación de la personalidad y es un hecho que este apartado les corresponde por entero a la responsabilidad de los padres. Proporcionarle a los hijos un ambiente de calma y serenidad es tarea diaria, por supuesto sin olvidar que uno de los principales factores para cualquier tipo de enseñanza es el ejemplo.

Ser un buen modelo es el mejor comienzo, pero también es necesario combinarlo con otras estrategias con las que nos aseguremos de que les estamos enseñando a desarrollar la inteligencia emocional. La única forma de evaluar este tipo de inteligencia es a través de la observación de la conducta. El descontrol de las emociones en todas las situaciones es un foco rojo que nos indica que hay una deficiencia en esta importante habilidad.

Estrategias para la enseñanza de la inteligencia emocional

- El factor primordial para enseñar inteligencia emocional a los niños es comprometerse a tener calma; no hay que olvidar que enojarse no sirve de nada. Cuando los hijos ven a sus padres o maestros gritando, ofendiendo y golpeando, es imposible enseñarlos o pedirles que se controlen. Si las presiones del día le hicieron perder la serenidad, dése la oportunidad de volver a empezar, y por lo menos terminar bien el día con demostraciones de afecto y con el compromiso de iniciar mejor el día siguiente.

- Ponga música sedante por la mañana y a la hora de dormir; la música clásica crea una sensación de orden y paz, y ayuda a la relajación.

- Controle el tono de voz. Se puede decir lo mismo, pero un buen tono asegura buenas respuestas.

- Acostúmbrese y acostúmbrelos a decir las palabras mágicas "gracias", "por favor", "me disculpas".

- Acostumbre tocar las manos o brazo de sus hijos cuando les comunique algo, esto provoca que hablemos con mayor suavidad.

- Enséñeles que una forma de calmarnos cuando estamos enojados es utilizar la respiración profunda varias veces repitiendo al mismo tiempo "me puedo calmar". Hágalo primero para que lo observen.

- Haga el juego de la tranquilidad, invítelos a probar quien puede estar más tiempo sin hablar y sin moverse y a los ganadores prémielos con la caja de las sorpresas. Esta consiste en una caja cerrada que contiene pequeños estímulos como lápices, borradores, estampas, etc. El ganador podrá meter la mano y con ojos cerrados sacar su premio. Igual se puede utilizar cuando resolvió bien algún problema o algo que considere debe ser premiado.

- Tenga una silla especial para calmarse, cuando los niños se pelean o pierden el control, hágalos sentar en la silla de pensar y dígales que ahí van a permanecer mientras piensan en lo que hicieron mal pudiéndose parar si da una disculpa. Esto no es un castigo, es una oportunidad para pensar bien, si se resisten a quedarse en la silla advierta que en ese caso sí habrá castigo por negarse a pensar bien.

- Enséñeles con el ejemplo y con palabras por qué la ira es dañina. Muéstreles un recipiente con agua fría y permita que metan sus manos, en seguida póngalo a calentar y explíqueles que cuando nos enojamos y perdemos el control, comenzamos a producir calor como si nos llenáramos de burbujas y en este estado podemos dañar a la gente y nadie querrá estar cerca de nosotros. Con el agua es lo mismo, hierve y hace burbujas, no la tocamos y nos alejamos porque si lo hacemos nos puede dañar. ¿Alguien querría meter las manos al agua hirviendo?

- Utilice el chiste o la broma en cualquier momento para provocar la risa, sobretodo para romper momentos de tensión.

- Aproveche ejemplos de comportamientos descontrolados de personas desconocidas o de personajes de películas y estimule a los niños a que reflexionen sobre mejores formas de reaccionar o solucionar los problemas.

- No escatime alabanzas y gratificaciones con abrazos y besos cuando muestren buen control de sus emociones.

- Enseñe a los niños a contar hasta diez antes de decir o hacer algo cuando se sienten enojados. Hágalo usted igual en voz alta cuando tenga alguna molestia hacia ellos y así se podrán dar cuenta de que sí funciona.

- Platique sobre lo dañino que es golpear a los demás y dígales que a veces las personas llegan a pegar, sobre todo los niños, porque las manos y los pies no piensan y le están ganando al cerebro. Cuénteles que el cerebro es el que piensa y el que sabe lo que hay que hacer; déles la siguiente idea de cómo pueden ayudar a las manos y los pies para que no golpeen: indíqueles que crucen los brazos y las piernas, o bien que pongan las manos hacia atrás sujetándose una con la otra, y con toda seguridad esto les ayudará a evitar dañar a los demás y además se librarán de problemas.

- Cuando sea otra persona la que los quiere dañar, enséñelos a defenderse con palabras para evitar la agresión física. Dígales que pueden detener el golpe, y en forma firme y fuerte decir "no me molestes" o bien, "¡a mí no me pegas!" para enseguida retirarse de la persona y el lugar.

¿Qué es la inteligencia moral?

La inteligencia moral es la parte interna del pensamiento que conocemos como conciencia. Se define como la capacidad que se desarrolla gradualmente para poder tomar decisiones y actuar de manera correcta o incorrecta; es decir, tener un comportamiento que beneficia o perjudica a quien lo ejercita y a quien lo recibe.

Algunas personas cuestionan la conducta moral diciendo que la moral es relativa porque lo que es bueno para uno puede no serlo para otro, pero es tan sencillo como irse a la regla de las consecuencias: la conducta moral trae consecuencias buenas, la conducta inmoral trae consecuencias malas.

Es de esperar que los niños al llegar a la edad de entre seis y siete años hayan madurado en el aspecto del desarrollo de la conciencia o juicio moral social. A estas edades ya saben que todo lo que hagan va a tener consecuencias buenas o malas. Perfectamente pueden reconocer que mentir, robar, ofender y golpear es malo y al mismo tiempo saben que decir la verdad, respetar las cosas de los demás y ser amable y considerado es bueno.

La inteligencia moral se ve, se escucha. Podemos identificar a las personas con inteligencia moral por su manera de comportarse, de hablar de los demás y de ser consideradas con ellos.

¿Cómo se adquiere la inteligencia moral?

El tomar decisiones acerca de lo correcto y lo equivocado es un proceso del crecimiento, la mayoría de los niños por alguna razón aprenden a decir "bueno" y "malo" y a distinguir entre bondad y crueldad, generosidad y egoísmo.

El juicio moral no se adquiere por la memorización de reglas como se hace al aprender a leer y escribir, ni por discursos o intercambio de opiniones. Hay diversas explicaciones de los estudiosos de la conducta; los psicólogos sociales indican que la conducta moral se desarrolla y se hace propia a través del aprendizaje asimilado, de lo que hemos visto y oído, principalmente de la familia, desde los primeros años de la vida, es decir, que se adquiere en la infancia observando e imitando el comportamiento moral de los adultos.

Los psicólogos psicodinámicos establecen que la inteligencia moral se adquiere como sistema de defensa por la pérdida de amor y aprobación. Y los teóricos del conocimiento expresan que la moralidad se desarrolla por etapas de acuerdo con la edad.

Las tres explicaciones en conjunto tienen su verdad llegando a la conclusión que desde la primera infancia los padres enseñan a los hijos a comportarse correctamente indicando en diferentes formas lo que está bien y lo que está mal, de esta manera las personas nos convertimos en las personas que somos moralmente, y ya desde niños comenzamos a ser catalogados como "buenos", "no tan buenos" o "malos".

Criterios cognoscitivos del desarrollo moral

Piaget (1965) definió la moral como "el respeto de un individuo por las reglas del orden social y su sentido de justicia". En su opinión, el sentido moral de los niños surge de la interacción entre sus estructuras del pensamiento y sus vivencias sociales. El sentido moral se desarrolla en dos etapas. En la etapa del realismo moral, los niños creen que todas las reglas han de ser obedecidas, juzgan la moralidad de un acto a partir de sus consecuencias, siendo incapaces de entender las intenciones. Por ejemplo un niño de cuatro años pensará que es más culpable la niña que rompe accidentalmente 12 platos al ir corriendo que la que intencionalmente rompe dos porque está enojada.

Cuando llegan a la etapa del relativismo moral (7 años) se dan cuenta que las reglas son creadas por la cooperación de las personas y que es legítimo modificarlas cuando sea necesario. Esto los lleva a la comprensión de que no hay bien o mal absoluto y la moralidad depende de las intenciones y no solamente de las consecuencias.

Desde muy pequeñitos, los niños empiezan a mostrar conductas que los encasillan en determinado tipo de persona. Se cataloga que un niño es bueno por su forma de comportarse. Estos pequeños son personas que se muestran bondadosos, amables, compartidos y obedientes la mayor parte del tiempo y como premio a su conducta reciben aprobación, alabanzas y cariño. Por el contrario, cuando un pequeño es etiquetado como chico "malo" es porque se comporta hostil, insensible, egoísta, peleonero y no acepta límites obteniendo como consecuencia rechazo y castigos que a fin de cuentas no lo ayudan a cambiar su mala conducta.

La tendencia a etiquetar es muy común tanto en la familia como en las escuelas, tal vez porque se desconoce que los niños no nacen buenos ni malos, son los adultos al cuidado de los pequeños los que les ocasionan las buenas o malas conductas; rápidamente y sin darse cuenta se envuelven en un círculo virtuoso o vicioso. La regla es: dile diariamente a un niño que es bueno y obediente y así será. Dile que es malo y desobediente y en eso lo convertirás.

La inteligencia moral y el rendimiento escolar

Hay estudiantes que son brillantes intelectualmente pero las deficiencias en su inteligencia moral les impiden avanzar, su inconducta no les permite asimilar el aprendizaje y van teniendo tropiezos ya sea porque son despedidos de la escuela por mala conducta o porque reprueban, no porque sean incapaces, sino porque su atención está puesta en cómo pasarla bien sin hacer nada y molestando a los demás, esto se puede ejemplificar con la opinión de una maestra acerca de su alumno. "Reconozco y aprecio su mente inteligente, pero no aprecio su corazón".

Son los típicos muchachos que son populares por su comportamiento irrespetuoso, que se brincan con facilidad las reglas establecidas y les cuesta mucho esfuerzo madurar en lo moral. Cuando los mismos compañeros identifican a alguno de sus pares como "patán" es que están hablando de una persona que abusa, se burla, ofende, golpea o intimida a los demás; esta situación podría parecer que se presenta en los adolescentes, pero la realidad indica que estas mismas conductas se presentan desde los escasos cinco o seis años.

Ya desde primero de primaria hay niños que intimidan a los demás con su comportamiento, no pasan semanas sin que sean llamados al director para recibir amonestaciones por su conducta y muchos de ellos al final acaban expulsados de la escuela.

Los alumnos que tienen deficiencias en inteligencia moral por lo general reportan un nivel alto de inteligencia intelectual; esta habilidad desafortunadamente sólo la utilizan para pensar y organizar cómo molestar a los demás y cómo salir bien librados en las calificaciones sin estudiar. Se atreven a copiar en todas las formas, a pagar porque les hagan los trabajos, a extorsionar a los maestros para que los pasen y con toda tranquilidad casi obligan a los compañeros cumplidos a que les presten todos los apuntes que deliberadamente no hicieron y además se enorgullecen de que son muy listos, pues están convencidos de que no importa lo que tengan que hacer con tal de aprobar.

Inteligencia moral y compañerismo escolar

Conforme los niños maduran, van desarrollando la capacidad de tomar decisiones morales sobre la empatía y el interés por los demás. Las niñas maduran un poco más rápido, por lo cual desarrollan la empatía o interés por los demás antes que los niños. La empatía es la base de las relaciones personales y la amistad, porque si no se sabe lo que el otro siente, no podrá haber relación.

Los niños que tienen un nivel adecuado de inteligencia moral demuestran la capacidad para deducir los pensamientos y sentimientos de los demás. Cuando logran inferir el punto de vista del otro, están en mejores condiciones de establecer relaciones íntimas y firmes.

Los psicólogos Selman y Kohlberg describieron cuatro etapas de la amistad: En la primera, que corresponde a una edad menor de 7 años, la amistad se basa en consideraciones físicas y geográficas. Los amigos son aquellas personas que juegan con ellos en un momento determinado y los que viven cerca o van a la misma escuela. Los niños menores de tres años aún no tienen desarrollada la capacidad para establecer la amistad, viven todavía en un mundo egocéntrico, por lo que apenas inician el compartir. A partir de los cuatro años van cambiando un poco, pero aun así se consideran amigos por razones egoístas, por ejemplo, si el otro tiene un juguete que le gusta se acercará para tener acceso al mismo, pero en ese tiempo no se percibe el punto de vista del otro.

En la segunda etapa (entre los 7 y 9 años) empieza a formarse la idea de reciprocidad y de conciencia de los sentimientos de los demás. La amistad es vista en función de la conducta social de una persona y de la opinión que tengan los demás de esa persona. Aquí por ejemplo, Juan puede comprender que su amigo puede ir de paseo con otro amigo y no por eso va dejar de ser su amigo. Empiezan a conceder, a aceptar y a hacer lo que hacen los demás.

La tercera etapa de la amistad comprende de los 8 a

los 12 años, se basa en una reciprocidad auténtica; los amigos son aquellos que se ayudan entre sí. Ahora se dan cuenta que no sólo ellos pueden criticar las acciones de sus amigos, sino que éstos a su vez también pueden criticarlo. Se inicia el concepto de confianza y pueden reconocer que la amistad entre dos amigos que se acaban de conocer es distinta a la que tienen con otro amigo de tiempo atrás. Es el tiempo de la amistad por grupos y aunque sí existen amigos de uno a uno se reúnen con el grupo extenso, son solidarios y se apoyan en las buenas y en las malas.

La cuarta etapa se ubica de los 12 años en adelante. Entonces consideran la amistad como una relación estable y permanente que se basa en la confianza. A partir de estas edades pasan más de la mitad del tiempo con sus amigos y compañeros de clase que con su familia, por cualquier medio buscan estar en relación y el teléfono (y ahora el Internet) cubre en gran parte esta necesidad, pues de esta manera establecen un lazo que los mantiene unidos para sentirse seguros, es como un monitoreo de lo está pasando entre los demás para no salirse de la jugada. Por supuesto que esta conducta hacia el lazo de amistad trae consecuencias con los padres, porque los chicos no tienen límite de tiempo para esta actividad y ocasionan exceso de pago por el servicio e interrupción de la línea, además de falta de cumplimiento en sus responsabilidades. De hecho una de las formas en que los padres detectan que sus hijos están creciendo es por el uso excesivo del teléfono y ahora el deseo de mantener conversaciones por Internet.

La influencia negativa de los amigos y la inteligencia moral

Cualquiera podría pensar que la influencia de los amigos, buena o mala, sólo se da entre los niños y los adolescentes, pero no, las amistades juegan un papel tan importante en la vida de los seres humanos que de alguna forma también en los adultos existe la influencia de los amigos.

En los adultos se hace una diferencia entre influencia y decisión, aquí es donde se demuestra la inteligencia moral: en la capacidad de no dejarse influir negativamente, para evitar los errores.

Muchas veces buscamos al amigo para comentarle algún problema o situación que no sabemos cómo resolver, y su opinión nos puede ayudar a decidir lo que creemos es lo mejor; en estos casos la opinión puede influir o no, pues la tomamos o desechamos si la conciencia nos dicta si nos conviene o no.

Este tipo de influencia es pensada y solicitada, y es diferente a la influencia del amigo o amiga por cuya insistencia se hacen cosas que después se lamentan.

Por ejemplo, unas amigas están tomando un café y una de ellas se tiene que ir para atender a sus hijos. Si sale la mala influencia de las amigas, le van a insistir "no te vayas, háblale a la muchacha y dile que los atienda, que al rato vas". Si esta persona se deja influir, lo que estará demostrando es deficiencia en la inteligencia moral porque está faltando a su responsabilidad por las propias acciones.

Este mismo ejemplo se puede observar, y con mayor frecuencia en los hombres. Es muy común que en repetidas ocasiones sin planear se dejan llevar por la influencia de los amigos para irse a la diversión después del trabajo; en este tipo de situación se cometen varias faltas: una es la falta de respeto por los demás, pues una gran mayoría no avisan a la familia, que los está esperando, de que van a llegar tarde, y otra es que parte de la diversión se basa en la ingestión de bebidas alcohólicas, y unos a otros se influyen para acentuar la irresponsabilidad por las propias acciones, pues la euforia en la que se encuentran además los lleva a gastar un dinero que no estaba destinado para ello.

Asombrosamente las reacciones de la esposa o los padres, según sea el caso, es que culpan a la "mala influencia de los amigos" del mal comportamiento de su hijo o esposo. Como si no tuviera poder de decisión para no caer en conductas irresponsables.

Cuando se tiene una inteligencia moral bien desarrollada la persona sabe cómo manejar este tipo de influencias negativas. En primer lugar, sabe decidir si es conveniente o no, tomar la distracción pues antepone la responsabilidad ante su familia, ya que está consciente que necesitan de su presencia. En segundo lugar si cree que lo puede hacer, avisa para informar y se compromete a llegar a una hora. Y una vez que se encuentra con los amigos sabe hasta dónde tomar para no perjudicarse física y económicamente, y con toda seguridad se retira del lugar aunque le insistan lo contrario.

La influencia negativa de los amigos queda de manifiesto si las personas no tienen desarrollada la inteligencia moral, tanto en niños como en jóvenes y adultos.

Las personas de cualquier edad que tienen un buen desarrollo personal y responsabilidad por sus propias acciones se verán siempre libres de las influencias negativas de los amigos.

En el caso de los niños y niñas la influencia de los amigos es un factor muy importante en su crecimiento y esto viene a afianzarse durante la adolescencia. Tanto hombres como mujeres buscan el apoyo de los amigos al afrontar las transformaciones físicas, las primeras experiencias amorosas, las responsabilidades escolares, incluso los problemas familiares.

Desde las primeras edades los amigos influyen en el comportamiento, es común observar a un niño o niña de cinco años que después de estar jugando uno y otro empiezan a hablar de la misma manera, incluso utilizan las mismas palabras y esto se acrecienta conforme van teniendo más edad.

Imitan a los amigos, no sólo en actitudes sino en conductas, y es el tiempo en que los padres deben estar alerta a las compañías de sus hijos, porque el deseo de hacer y decir lo que los demás, puede ser tan fuerte que si no están bien afianzadas la inteligencia emocional y moral, con mucha facilidad pueden ser presa de las "influencias" negativas de los amigos, como fumar, tomar, ingerir drogas, faltar a clases, mentir o robar.

Los grupos se forman en subgrupos muy unidos. Sus miembros comparten características o reputaciones similares, tienden a seleccionar amigos que pertenecen a una clase social similar y que tienen intereses, valores morales y ambiciones académicas análogas; por ejemplo: los populares, los nerds (inteligentes), los rebeldes, los fresas, los equis.

Cuando los papás se den cuenta que el grupo de amigos de su hijo no es buena influencia, lo primero que tendrían que preguntarse es ¿por qué su hijo se junta con ellos?, ¿qué le atrae de ellos y qué les atrae a ellos de su hijo? Generalmente se piensa que son las malas compañías las que lo inducen a actuar mal, esto puede ser cierto, pero la edad es importante para determinar si el niño es víctima de una mala influencia o no, si hablamos de un niño de cuatro o incluso hasta cinco años, pudiéramos decir que no tiene la madurez para medir las consecuencias de su actuación y todavía le falta mucho por aprender y reforzar en cuanto a poder diferenciar el bien y el mal.

Por ejemplo, dos niños de cuatro y seis años van al supermercado acompañados de su mamá y el grande le dice al chico "coge dos chocolates y escóndelos"; en este caso el pequeño sí esta siendo víctima de la mala influencia pues se guía por el impulso del deseo y aunque pueda pensar que no está bien, no alcanza a medir todas las consecuencias.

Poniendo el mismo caso del supermercado pero con niños de nueve y diez años, si el menor hace caso y comete la falta, no está siendo víctima de la mala influencia, lo que está demostrando es una deficiencia en la inteligencia moral, porque a esta edad ya debe de tener plena conciencia del bien y el mal como para decir "no, yo no lo hago".

Como se mencionó anteriormente, los grupos se juntan por los mismos intereses, los estudiosos y bien portados se juntan con los similares. Y cuando un niño o un joven no está teniendo buenos resultados académicos y/o conductuales lo más seguro es que se busque como amigos a los que tampoco les va bien para no sentirse tan mal.

La tendencia de los padres en estos casos es recriminarles su actuación y sus amistades, frecuentemente les dicen: "por qué no te juntas con los buenos, con los estudiosos, y te dejas de juntar con esos burros igual que tú". Tal vez los papás no saben que los niños tienen necesidad de tener amigos y ser aceptados por su grupo y si su hijo no es de lo buenos, seguramente no va a ser aceptado por este tipo de grupo.

Lo conveniente es apoyarlo con comunicación positiva, aceptación, y enseñanza de como estudiar y autocontrolarse para ser mejor persona. En la medida de su mejoría, él solo irá buscando nuevos grupos porque se sentirá seguro para competir con los demás y a su vez, por igual, lo irán aceptando. Conviene evitar enjuiciar y hablar mal de sus amigos, en lugar de alejarlos, acérquelos, trátelos bien, y busque la manera de que permanezcan en su casa.

La obediencia como base para desarrollar la inteligencia moral

La enseñanza de la inteligencia moral en los niños y adolescentes tiene como base el aprendizaje de la obediencia, ésta se enseña desde que los niños son bebés a través de la formación de hábitos; en estas edades los pequeños no saben si obedecen o desobedecen, simplemente responden o no responden cuando tienen papás que los saben disciplinar en las actividades de la vida diaria.

Hay mamás que comentan "mi niño tiene dos años y no se quiere dormir", o también, "tiene tres años y no quiere dejar el biberón". En estas edades, e incluso cuando son más grandes, los niños no son los que dicen a qué hora se quieren dormir, son los papás los que dicen cómo se hacen las cosas.

Existe una regla para enseñar la obediencia a los niños. NO SE LES PREGUNTA si quieren hacer tal o cual cosa. Por lo general los niños y adolescentes se rigen por el principio del placer y si desde pequeños no los ayudamos en la formación de hábitos no van a fortalecerse en la voluntad que es la base para el desarrollo de la conducta moral.

La formación de hábitos se establece mediante actividades como la alimentación, el sueño, el control de esfínteres, la higiene personal, el orden de sus cosas. En la medida que se vayan habituando se establecerá la obediencia, y no habrá que discutir ni exigir, simplemente sabrán que hay que hacer determinadas cosas en determinadas horas.

Cuando los niños van creciendo y no se les ha enseñado a obedecer, la *vida* misma se va a encargar de que aprendan, y no de buena forma; ingresar a la escuela es el primer entrenamiento pues lo más seguro es que van a sufrir porque las reglas escolares no estarán sujetas a su consideración y aquí no hay de otra más que obedecer, o bien, se enfrentarán con problemas de reprobación y/o conducta. En el caso de los niños mayores y adolescentes con incapacidad para obedecer, las cosas se complican porque esta inhabilidad se traduce en irresponsabilidad, y como ahora las distracciones son mayores, las tentaciones serán también mayores, por lo que con mayor facilidad se involucrarán en problemas que les provocarán desajustes emocionales, pues los chicos desarrollan una baja autoestima que los hace pensar que nadie los quiere y que todos están en su contra.

Para fomentar la obediencia se establecen REGLAS FAMILIARES, que deben contener tres principios:

- Los niños deben entender que las reglas familiares son consejos sensatos de los padres, que los quieren, y obedeciéndolas reducen las penas y aumentan la felicidad.

- Los niños tienen que aprender que las reglas familiares son inexorables, que se aplicarán siempre, y que siempre se harán cumplir.

- Los niños tienen que saber que los padres no pretenden hacerles obedecer por darse gusto, sino porque quieren que sus hijos obtengan recompensas y eviten castigos.

Las reglas familiares hay que hablarlas en familia, incluso pedir la cooperación de los chicos para elaborarlas y hacerlas más claras y sencillas. Hay que escribirlas en color y ponerlas en un lugar visible para todos, por ejemplo el refrigerador, y dejar establecido que hay reglas generales y reglas individuales, dependiendo de la edad.

Los niños chicos tendrán menos reglas que obedecer pero también menos privilegios, y los mayores tendrán más reglas por obedecer pero más privilegios. Por ejemplo, los adolescentes podrán acostarse más tarde y ver televisión, pero tendrán que cooperar en actividades como ordenar la cocina.

Inconductas que demuestran inteligencia moral deficiente: el robo y la mentira

El robo

Las personas tienen conductas inmorales como el robar porque les ha faltado refuerzo en la conciencia para vencer la tentación de no coger lo que no les pertenece. El desarrollo de la inteligencia moral nos permite tener la capacidad para detenernos y no cruzar la línea que divide el cometer el delito o no cometerlo.

Una vez desarrollada, la conciencia moral no cambia ni disminuye, no es a veces sí o a veces no que se puede actuar con honestidad, las personas son honestas o no; esto significa que queda grabada en el pensamiento para siempre. Se pueden tener todas las oportunidades de flaquear pero inmediatamente el cerebro actuará para detener la acción y evitar delinquir.

El robo es una de las conductas inmorales que más preocupa y asusta a los padres. El respeto por lo ajeno se debe aprender desde la primera infancia, alrededor de los dos o tres años, el niño a esta edad aún no tiene la noción de lo que significa la propiedad, pero es labor y responsabilidad de los padres reforzar puntualmente la importancia de que sus hijos aprendan a no coger lo que no les pertenece. Los niños de esta edad quieren poseer todo lo que les gusta; por lo tanto, es el momento de no permitirles quedarse con lo que no les pertenece. Por ejemplo, el caso de una niña de tres años que va a casa de la amiguita y al retirarse empieza a llorar porque no quiere regresar el juguete que le prestaron. La tía por quedar bien le dice "ya no llores, llévatelo". En este momento es cuando la mamá debe actuar con firmeza para reforzar la conciencia de la propiedad, y responder "no hija, regresa el juguete porque no es tuyo, cuando vuelvas te lo pueden prestar", aunque la pequeña pierda el control y se tire al suelo. Lo que sigue es tranquilizarla y calmarla para convencerla de que no puede quedarse con lo que no le pertenece.

Hasta los cuatro años los niños todavía no saben lo que es robar, pero sí tienen muy claro lo que quieren y por eso se atreven a tomar lo que les gusta; por lo tanto, el criterio para enjuiciar un acto como robo depende de la edad.

A partir de los seis o siete años el juicio moral ya se ha concretado o está por concretarse, por lo que los de esta edad pueden reconocer perfectamente que robar es malo. Esta inconducta afecta a pobres o ricos, chicos y grandes, y en mayor porcentaje a los hombres que a las mujeres.

Los niños que roban tienen algunas características en común:

☞ Sufrieron separaciones prolongadas de la madre en los primeros años.

☞ Tienen madres muy ansiosas.

☞ Tienen padres que los rechazan abiertamente.

☞ Han atravesado por acontecimientos traumáticos.

☞ Por la muerte de uno de los padres.

☞ Divorcio o separación de los padres.

☞ Abandono materno o paterno.

Las causas por las que los niños y jóvenes roban a veces es consecuencia de una educación familiar en la que no existen patrones sociales, donde es común ver y escuchar que los padres actúan con deshonestidad, en otros casos sucede porque son sobreprotegidos y todo les es permitido, no les imponen límites que los protejan de la tentación y caen en el delito porque creen que todo se lo merecen. Por el contrario el robo también se presenta cuando el muchacho es tratado con extrema severidad y carencias, por lo que roba por venganza.

Algunas razones por las que roban los niños son:

☞ Para comprar la amistad.

☞ Por necesidades insatisfechas de afecto y/o materiales.

☞ Por influencias negativas.

☞ Por rebeldía.

☞ Por llamar la atención.

☞ Por simple aventura.

☞ Para demostrar valentía.

Estrategias para desarrollar la inteligencia moral con respecto al robo

Inicialmente hay que ir a la causa para cubrirles las carencias, especialmente las afectivas, porque generalmente ahí reside todo; pero cualquiera que sea la causa, demuestra que hay debilidad de carácter, por lo que se hace necesario fortalecerlo.

✍ Empiece con el ejemplo, muéstreles que los problemas se resuelven con coraje y valentía, destaque frente a los niños hechos que requieren voluntad para vencer tentaciones y alcanzar metas. Por ejemplo, hacer ejercicio, hacer dieta, abstenerse de comprar algo que les guste.

✍ Cuente historias reales de personas honestas que se han ganado la confianza por su moralidad.

✍ Enséñelos a mirar a los ojos y explíqueles que cuando lo hacemos así, es porque no tenemos nada que ocultar.

✍ Platíqueles cómo se puede sentir la tranquilidad y la paz interior cuando se es honesto, y cuestiónelos sobre cómo creen que se sienten los que roban y cómo puede sentirse la familia.

✍ Haga ensayos de cómo evitar caer en la tentación de robar. Con niños de seis años en adelante, ponga una bolsa transparente con los dulces más apetecibles y

cuéntelos delante de los niños, enseguida explíqueles que es un entrenamiento para vencer la tentación
que consiste en que van a estar a la vista de todos durante dos días; al finalizar la prueba se volverán a
contar esperando que no falte ninguno y se reparti-
rán entre todos. Si llegara a suceder que a alguien le
ganara la tentación, usted va a confiar en que el que
falló dirá la verdad, el cual tendrá como consecuencia esperar dos días más para poder disfrutar de los
dulces.

✍ Infórmeles qué es la inteligencia moral y establezca la
regla de premiar todas las conductas honestas.

✍ Establezca la regla: cuando alguien comete una falta
moral la sanción será mayor. No tiene la misma amo-
nestación no tender la cama, que robar.

✍ Robar implica reparar la falta con trabajo o ahorros.

✍ Se le pedirá que reconozca la falta por escrito com-
prometiéndose a fortalecerse para vencer la tentación y no volverlo a hacer.

✍ Deberá ganarse la confianza con acciones.

✍ De ser necesario, acudirá a ayuda psicológica.

La mentira

La mentira es la salida fácil ante la inhabilidad para enfrentar los problemas. La mayoría de los niños de primaria entienden lo que es decir la verdad, aunque
saberlo no los detiene para mentir ocasionalmente.

La conciencia puede ser más fuerte y desarrollarse
primero en las niñas que en los niños, por lo que la tendencia a mentir se presenta mayormente en los varones

una vez que se dan cuenta que ocultar la verdad los saca de apuros.

Antes de los cinco años los niños no dicen mentiras, más bien inventan historias porque su madurez les impide diferenciar la realidad de la fantasía. El chico que es mayor de esta edad y ocasionalmente dice una mentira está indicando que su conciencia moral no se ha afianzado lo suficiente, por lo que es necesario enseñarle con hechos que el mentir le acarrea más problemas que beneficios.

Los niños mienten casi por los mismos motivos que lo hacen los adultos, aunque es de esperar que conforme las personas maduran se vuelvan más veraces en sus respuestas.

Cuando esta conducta no es atendida adecuadamente puede ocasionar el extremo de crear una personalidad mitómana:

- Por encubrir una culpa y evitar el castigo.

- Para evitar el ridículo o la desaprobación.

- Para impresionar a otros y ganar admiración.

- Para meter a otros en problemas.

- Por hábito.

- Por represión.

- Por temor y falta de confianza en los padres.

Generalmente los chicos mienten porque sus padres son inadecuadamente estrictos, los restringen en sus actividades y prácticamente no los dejan hacer nada. Con este tipo de dirección aprenden que para hacer lo que hacen los demás hay que recurrir a la mentira; tal es el caso de una jovencita de catorce años a quien sus padres no le permiten salir con sus amigas y comienza a ingeniárselas inventando pretextos de trabajos y tareas para poder divertirse.

Hacer trampa es igual a mentir y esto es tan común que las estadísticas demuestran que el 22% de los niños empezaron a hacer trampa en primer año de primaria, para segundo de secundaria el 49% de los alumnos admitieron haber hecho trampa en tareas, trabajos y exámenes, y lo más alarmante, en preparatoria las tres cuartas partes hacían trampa en los exámenes.

¿A qué nos lleva todo esto? Tal vez a reconocer que la conciencia moral en los chicos no está bien cimentada y por lo mismo no la pueden aplicar en todas las áreas de su vida. Encuentran que la moral se vuelve acomodaticia cuando se enfrentan a un hecho común y acostumbrado por la mayoría, como es falsear los exámenes.

La razón por la cual se está desarrollando la inteligencia moral deficiente es por la forma en que se imparte. La tendencia en la educación de los niños en la familia y en la escuela sigue siendo casi como en épocas pasadas: el castigo y el sometimiento. Infinidad de teorías y técnicas nuevas se han estructurado para una mejor educación y parece ser que no son suficientes o su difusión no es la adecuada porque padres y maestros siguen repitiendo los mismos errores.

Para educar hoy, hay que tener muy claro que no es lo mismo obedecer y someter: los que se someten no obedecen, temen a sus padres y maestros y se vuelven hipócritas, aprenden a mentir para zafarse de lo que hacen mal, por lo tanto, saben que hay que recurrir a la mentira, al soborno y a la deshonestidad con tal de aparentar el cumplimiento.

Estrategias para desarrollar la inteligencia moral con respecto a la mentira

✍ Enseñe con el ejemplo, evite respuestas que impliquen mentiras como: "Si habla tu tía Alicia dile que no estoy".

✍ Cuando descubra una mentira, no lo interrogue con la intención de que caiga en más mentiras. Vaya directo y dígale algo como lo siguiente: "Estoy muy molesto y acabo de enterarme que me mentiste, esto es muy serio y quiero que reflexiones sobre lo que pasó para que me des una explicación, porque después quiero que pienses cómo lo vas a arreglar".

✍ No lo encubra ante la maestra con mentiras como: "no asistió porque estaba enfermo", cuando en realidad se tomaron un puente.

✍ Nunca los haga sus cómplices en situaciones como: "no le digas a tu papá que fuimos de compras".

✍ Retire la confianza por un tiempo hasta que muestre responsabilidad, específicamente cuando miente acerca de las calificaciones. Infórmele que le dará un seguimiento semanal con la maestra para verificar tareas y calificaciones.

✍ Refuerce con reflexiones de casos inventados o verdaderos donde se haya faltado a la verdad.

✍ Proponga el juego de las verdades y mentiras y estimule a que ellos formulen las preguntas, por ejemplo:

P: Los niños dicen a los papás lo que deben hacer.
R: MENTIRA

P: Vemos con nuestros ojos.
R: VERDAD

P: Los niños deberían copiar en los exámenes.
R: MENTIRA

* Platíqueles cómo una mentira puede llevar a otra mentira. Por ejemplo, este caso que es real y que se presentó en un ambiente escolar.

A Mary (nombre ficticio) alumna de quinto año, la cambian de escuela, y al llegar de alumna nueva al otro colegio empieza a inventar a las amigas que su casa es muy grande, con cancha de tenis y alberca, les dice que tienen velador y chofer y que sus papás viajan constantemente a Europa. Las amiguitas por supuesto la admiran y le insisten que las invite a su casa, y ella para salir del apuro les inventa más mentiras de las cuales un día ya no pudo salir. Llegaron a tal grado las mentiras, que tuvo que mentir también a su mamá diciéndole que se sentía enferma y no quería ir a la escuela, esto ocasionó preocupación y gastos pues la llevaron al doctor que por supuesto confirmó que no tenía nada. Y no conforme con eso para zafarse de la presión de las amigas, inventó que la maestra la trataba mal, motivo por el cual no quería volver a clases. Y fue entonces cuando se descubrieron todas las mentiras de Mary, pues su mamá acudió a hablar con la maestra para investigar qué pasaba y llorando tuvo que confesar delante de la maestra y su mamá una a una todas las mentiras que había inventado. Para apoyarla y reforzarla en la falta cometida convinieron que la maestra intervendría para ayudarle a enfrentar la verdad con las amigas.

Después de platicar la historia anterior, promueva la reflexión, ¿porqué lo hizo Mary?, ¿cómo se sintió?, ¿cómo se sentirían si estuvieran en su lugar?, ¿de qué otra manera se le debería ayudar?, ¿qué deben hacer sus papás para reforzarla?, ¿creen que Mary con esto aprendió a no volver a decir mentiras?

Japón: un ejemplo a seguir en la educación de la inteligencia moral

Japón es un país digno de admirar e imitar en cuanto a educación de valores morales se refiere. Los japoneses se destacan porque han logrado desarrollar en sus descendientes una firme inteligencia moral. En este país educan a los niños bajo el principio del respeto a la propiedad ajena, desde bebés van aprendiendo la norma: "lo que no es tuyo debe ser de alguien", y por tal principio, los niños, los jóvenes y los adultos japoneses no se atreven a robar. La honestidad la introducen como un valor fundamental.

Podría mencionar muchos ejemplos de su comportamiento, pero basta con los siguientes: Si alguien llega a perder su cartera con dinero no sufren de angustia y desolación, porque están seguros que el que la encuentre la va a regresar con todas sus pertenencias y sin necesidad de gratificación. Algo que para nosotros los mexicanos podría parecer inaudito es que los trabajadores del Japón pueden dejar sus bicicletas o motocicletas en la estación del metro sin seguro que los proteja de robo, y con toda tranquilidad abordan el tren para llegar a su trabajo sabiendo que de regreso la encontrarán en el lugar donde la dejaron. Y todavía algo más asombroso; en las estaciones de autobuses hay canastas con sombrillas para que la gente las use en caso de lluvia sin necesidad de pagar nada ni de informar a nadie, ya que están seguros que al siguiente día las sombrillas serán regresadas por la persona que la tomó. A este respecto, por respeto a nosotros mismos, me abstengo de comentar lo que sucedería en nuestro país si a alguien bien intencionado se le ocurriera ofrecer tal amabilidad.

Las tres inteligencias unidas para ser mejores personas

Mucho se ha mencionado que educar a los hijos no es tarea fácil, pero hoy no sólo no es fácil sino extremadamente preocupante.

Cuando los padres tenemos en los brazos por primera vez a nuestro hijo, nos invade una emoción inexplicable, gratificante y al mismo tiempo inquietante, se nos vienen a la mente muchas cosas, pero no imaginamos todo lo que habremos de enfrentar para educarlos y protegerlos de los males que la vida con facilidad les ofrecerá. Muchos papás se angustian y se preguntan. ¿Cómo hacemos para fortalecerlos en la voluntad para que puedan decir NO en los momentos de peligro?

La respuesta no es fácil pero algo que conviene enfatizar es que ahora más que nunca los padres requieren de orientación y preparación, porque es indiscutible que con los adelantos de la tecnología, las nuevas generaciones están un paso adelante en cuanto a información se refiere, lo cual por un lado puede ser bueno, pero por otro los involucra mental y emocionalmente en situaciones que los pueden desajustar.

Los avances de la tecnología causan asombro y admiración especialmente para los adultos que no nacimos con ella, todo esto ha traído importantes ventajas y en muchos aspectos, bastante comodidad. No acabamos de maravillarnos con algo cuando de pronto nos damos cuenta de que aquella gran novedad quedó obsoleta porque ya salió un nuevo modelo.

Para los niños y jóvenes la capacidad de asombro se ve disminuida porque ellos nacieron con esto, y es aquí donde se marca una gran diferencia entre la forma de ser de los jóvenes y de los adultos en la actualidad.

Es casi imposible comparar la vida y las costumbres de hoy con las de hace 50 años. Ahora todo es rápido, práctico y desechable, todo se rige por el mundo de las computadoras y parece ser que sin ellas el mundo se detiene.

Existen francas diferencias entre las generaciones pasadas y las actuales. Para comenzar, en el pasado no teníamos la destreza mental para comprender y descifrar programas computacionales como la tienen los chicos de hoy. Pero eso sería lo de menos, a lo que me quiero referir en este apartado, es a un aspecto que considero alarmante e incluso peligroso para la estabilidad emocional de las nuevas generaciones, esto es: las relaciones personales a través de las computadoras y la deficiencia en la inteligencia emocional y moral que esto ha provocado.

Manejar una computadora es cosa de niños, literalmente así es, porque los programas educativos están haciendo todo lo necesario por formar expertos cibernéticos y esto puede ser excelente para el desarrollo intelectual, pero estas novedades en el aprendizaje tienen su lado oscuro porque ya están invadiendo el aspecto sano de las relaciones entre las personas.

Lo bueno de las computadoras y el Internet es que ha venido a abrir la comunicación a nivel mundial en las empresas, en la escuela y en la casa. Es tan sencillo conectarse a cualquier parte del mundo y con cualquier persona que parece cosa de magia, a través de la red se pueden lograr cosas que ni en las películas podían verse. Se pueden lograr ventas de todo tipo, tener acceso a información de cualquier área ya sea científica, política, social y tener la oportunidad de conversar con personas de todo el mundo sin salir de la casa ni moverse de la silla.

Lo malo de este asombroso invento no es en sí mismo el Internet, sino el uso que le dan muchas personas, en especial los niños y adolescentes.

La novedad en los jóvenes es conectarse a través del I.C.Q. para conversar con sus amigos o incluso desconocidos de cualquier parte del mundo, desgraciadamente muchos están utilizando este medio para liberar pensamientos y deseos que nunca liberarían si tuvieran a la persona frente a frente. Lo cual significa que cada vez más los chicos están demostrando no haber desarrollado la inteligencia emocional y moral puesto que no están logrando detener sus impulsos para decir y proponer encuentros sexuales.

Para muestra puedo mencionar infinidad de casos de niñas y jovencitos que han sido presa de conversaciones declaradamente pornográficas, inician como un juego con chistes obscenos y propuestas indecorosas y no son capaces de decir NO, pierden el control de las emociones y atraviesan con facilidad la línea de lo correcto e incorrecto. Y ya desde tan corta edad manejan por el "chat " conceptos de caricias y relaciones sexuales virtuales.

No se dan cuenta que estos juegos pueden llegar a ser perversos pues promueven lo mismo que la pornografía, y tal vez hasta puedan ser más peligrosos porque en la pornografía se actúa como espectador y en el Internet se actúa como actor principal dentro de las escenas.

Pero lo verdaderamente preocupante de todo esto es que la mayoría de los padres de estos chicos ni enterados están de lo que está sucediendo en la mente de sus hijos, porque inocentemente piensan que están ocupados en la computadora, y cuando no ponen límites a su uso hasta puede llegar a convertirse en una actividad adictiva.

Lo grave de esta situación es que los chicos no reconocen que está mal y no están siendo capaces de cortar el tiempo de "chatear" ni los mensajes indecorosos que reciben del que consideran su "amigo".

Peligros de no anteponer las tres inteligencias a las computadoras

✗ La realidad virtual sustituirá progresivamente a la experiencia directa.

✗ Se pondrá de moda el sexo cibernético.

✗ Las nuevas tecnologías harán que las personas se vayan volviendo egocéntricas.

✗ Las personas perderán mucha capacidad para pensar racionalmente y tomar decisiones sensatas. Las personas se verán a sí mismos y a los demás como objetos.

✗ Las relaciones entre las personas se volverán cada vez más inestables.

✗ La informática fomentará la inactividad física y por lo tanto, un estilo de vida poco saludable.

Identificación y manejo de las tres inteligencias

Vivimos en una época llena de ansiedad, depresión, soledad y, algunas veces, de presión abrumadora. Esto puede llevar a desarrollar un tipo de persona que no es feliz y por lo mismo no hace feliz a los demás.

Proliferan personas tristes, incumplidas, conflictivas, estudiantes apáticos, trabajadores frustrados, "niños problema" y alcohólicos o drogadictos que atraviesan por crisis que no saben cómo solucionar y no sólo complican la vida de quienes los rodean, sino que también se sienten incapaces de valorar el potencial de sus propias vidas para modificar sus conductas.

Las personas se meten en líos por deficiencia o inarmonía de las tres inteligencias. Como sabemos, la inteligencia intelectual es el pensamiento, la inteligencia emocional es el sentimiento y la inteligencia moral es la acción.

Un individuo desalentado con cualquiera de los síntomas antes mencionados, sufre una perturbación que al menos en una de las tres inteligencias se manifiesta. Mencionaré ejemplos de conductas para identificar el tipo de inteligencia que se ve afectada.

- María (24 años): "siento como mariposas en el estómago cuando veo a Mario". Es algo que no puedo explicar. Conducta relacionada con el sentimiento, desasosiego, ansiedad (inteligencia emocional).

- Juan (6 años): "le pegué a José porque no me prestó el carrito". Conducta relacionada con la acción (inteligencia moral).

- Elena (18 años): "reprobé el curso de computación". Conducta relacionada con el pensamiento (inteligencia intelectual).

Las personas funcionamos como seres totales, y para lograr las metas trazadas es imprescindible que la mayor parte del tiempo las tres inteligencias estén en concordancia.

En el caso de Juan, de seis años, todo inició por el pensamiento "¡quiero el carro de José!", al no prestárselo se desencadenó el sentimiento de enojo y dada la deficiencia en la inteligencia moral, la respuesta a la situación culminó en una agresión física. Si por el contrario Juan tuviera armonía en las tres inteligencias, las cosas podrían haber resultado así: "¡Yo quería el carro de José!, se lo pedí y no me lo quería prestar, cuando eso pasó me sentí triste y molesto pero insistí y le dije: 'si me lo prestas, yo te presto mis patines', y sí me lo prestó".

A continuación se presenta un ejercicio conteniendo una lista de conductas que implican una deficiencia o una habilidad en alguna de las tres inteligencias. Léalas y, junto con sus hijos, identifique el tipo de inteligencia a que pertenecen: intelectual, emocional o moral.

Robar	Mentir	Ayudar
Golpear	Defraudar	Prestar
Perdonar	Alentar	Defraudar
Insultar	Criticar	Lealtad
Amar	Destruir	Infidelidad
Obedecer	Envidiar	Comprender
Estudiar	Cumplir	Razonar

Hay conductas que meramente pertenecen a un determinado tipo de inteligencia, hay otras que involucran a dos tipos como la intelectual y emocional, y algunas otras que incluyen las tres inteligencias.

Durante la última década el mundo se ha asombrado con los hechos terroríficos cometidos por jóvenes y niños. Tal es el caso del adolescente de trece años que golpeó hasta matar a un compañero de clase con un bate, sólo porque no le prestó la tarea, y acto seguido se retiró tranquilamente a casa de un amigo para jugar Nintendo.

O el caso de los niños de nueve y once años que llegaron a la escuela con pistolas y empezaron a disparar a compañeros y maestros hiriendo y matando a varios con tal sangre fría que ni asustados se veían cuando los detuvieron.

Y otro caso más, cometido en la ciudad de México por dos alumnos de secundaria, de trece y catorce años, que decidieron golpear y violar a una compañera de su clase porque no había aceptado ser novia de uno de ellos. Pensando que la habían matado la enterraron y se fueron a rentar una película para verla en casa de uno de ellos.

111

Los titulares de los periódicos reflejan la deficiencia intelectual, emocional y moral de este tipo de niños y jóvenes, que cualquiera podría definir como una falta total de conciencia.

Esto nos indica que estamos terminando el siglo peor que en la época de las cavernas, pues los cavernícolas actuaban golpeando y matando por falta de desarrollo, y por supervivencia. Actualmente ¿qué será?, ¿acaso exceso de desarrollo?

Especialistas de las ciencias sociales y de la salud mental afirman que los problemas de los niños y jóvenes de hoy se pueden explicar por los cambios sociales tan radicales sucedidos en los últimos veinte años en la estructura de la familia y la sociedad, esto es la combinación de varios factores como el aumento en el porcentaje de los divorcios, la influencia penetrante de la comunicación televisiva y cibernética, el tiempo cada vez más reducido que los padres le dedican a sus hijos, la falta de autoridad de los padres, la falta de conocimiento para educar adecuadamente a los hijos, pues frecuentemente se observa que no toman una línea coherente y parecen que andan dando tumbos. Se van a los extremos, primero sueltan mucho y cuando ven malas conductas, estiran y corrigen con fuerza. Y por último mo otros dos factores influyentes serían la liberación sexual y la proliferación de drogas.

Enseñarles a tener responsabilidad es la base para el desarrollo de las tres inteligencias

Los papás comunes desarrollamos el instinto de protección y los protegemos de diferente manera: algunos los enseñan a protegerse de los extraños o no los dejan salir solos; otros procuran costearles la mejor educación, les compran juguetes o les dan diversiones; los hay también que prohiben ciertas amistades, o los llevan a clases, tratan de controlar lo que ven y escuchan; pero en realidad, todos sabemos que hagamos lo que hagamos la única forma de proporcionarles una verdadera protección para enfrentar la vida y ser personas de bien es ENSEÑÁNDOLOS A SER RESPONSABLES.

Responsabilidad significa responder con habilidad, y esto engloba la forma correcta de actuar. El nivel más básico para desarrollar las tres inteligencias a partir de la responsabilidad es la OBEDIENCIA hacia los padres, esto es a partir de los dos años de edad y es de esperar que se afiance hacia los siete años; en el siguiente nivel la responsabilidad es hacia lo MORAL, es decir, la capacidad para responder por sus acciones ante sí mismos, su familia y la sociedad, esto se alcanza a partir de los ocho años y se refuerza durante toda la vida. El tercer nivel de responsabilidad es hacia la DISCIPLINA que ya se manifiesta a los diez años a través del carácter y las decisiones. Y el último nivel es el desarrollo de la responsabilidad hacia el SERVICIO, lo cual significa la capacidad para mostrarse solidario y cooperador hacia la familia y la sociedad.

Para obtener éxito en la enseñanza de las tres inteligencias a través de la responsabilidad, hay que seguir el

113

orden de cada nivel, pues es difícil que un niño o joven actúe con responsabilidad ante la sociedad si no aprendió antes a ser responsable ante sus padres. Si se logra que entienda e interiorice la obediencia, será más fácil que comprenda la disciplina. Lo importante es la secuencia, la edad es significativa pero no determinante, porque si tenemos un niño de diez años que no ha aprendido a ser obediente difícilmente podrá ser disciplinado y ordenado para pensar, sentir y actuar.

El 80 % de la formación de los hijos es resultado de la educación de los padres, el resto corresponde a la herencia y el ambiente; si un niño es bien atendido y dirigido por sus padres seguramente será un hombre de bien, y para que esto llegue a suceder se requiere firmeza, constancia, paciencia y amor. Todos los niños muestran características similares; por lo tanto, llegan al mundo bien dotados. Para responder a la disciplina todo depende de la forma y la oportunidad que les den sus padres para aprenderla.

La obediencia por edades

La primera infancia es la base; un niño puede mostrar rasgos de responsabilidad desde muy pequeño si se le educa de acuerdo a su edad. Algunos padres desconocen qué se espera de los niños y exigen más de la cuenta o aflojan en extremo, esperando a que el hijo crezca para exigirle responsabilidad; aunque nunca es tarde para empezar.

✿ 2 a 3 años
Muchos papás podrían pensar ¿qué responsabilidad puede tener mi niño si es casi un bebé? En principio un

niño de esta edad ya no es un bebé, es un niño pequeño que entiende todo con claridad y que puede responder a lo siguiente, si se le están desarrollando las tres inteligencias.

🖎 Come a sus horas utilizando cubiertos.

🖎 Responde cuando se le habla.

🖎 Se duerme en su cama toda la noche.

🖎 Avisa para ir al baño.

🖎 Se entretiene solo por buen rato.

🖎 Le cuesta trabajo aceptar un "no", pero acaba por convencerse.

✿ 4 a 6 años

🖎 Se viste solo.

🖎 Se baña solo.

🖎 Guarda sus juguetes y ayuda en las tareas referentes al orden de la casa.

🖎 Juega con sus compañeros.

🖎 Demuestra el afecto socialmente.

🖎 Asiste al colegio sin resistencia.

🖎 Se adapta a la rutina escolar y se interesa por el aprendizaje.

✿ 6 a 8 años

🖎 Reconoce cuándo se porta mal.

✍ Domina todos los hábitos de alimentación, aseo personal, sueño, rutina escolar y familiar.

✍ Colabora en las obligaciones asignadas dentro de la casa.

✍ Puede cuidar los materiales y objetos personales y ajenos.

✍ Cumple con tareas escolares.

✍ Puede resolver problemas.

❂ **10 a 12 años**
Se puede considerar que en esta edad son independientes físicamente para cumplir con sus responsabilidades, es de esperar que tengan bien definidos sus deberes y que no tenga que recordárseles lo elemental.

✍ Se despierta por sí mismo para acudir a la escuela.

✍ Se prepara eficaz y rápidamente para llegar puntual a la escuela.

✍ Cumple con sus responsabilidades escolares sin que se le recuerde.

✍ Obedece por convencimiento a sus padres.

✍ Cumple lo que promete.

✍ Es respetuoso de sus compañeros y familiares.

✍ Desempeña las labores asignadas en su casa.

✍ Es solidario y cooperador con los necesitados.

✍ Tiene metas para el futuro.

Con este listado de conductas responsables se puede medir en qué edad de responsabilidad se encuentra un niño. Si muestra conductas de responsabilidad menores a su edad cronológica significa que está teniendo un atraso en el desarrollo maduracional de alguna de las tres inteligencias, lo que indica que hay que trabajar dándole seguimiento para que logre superar la deficiencia en la habilidad. El siguiente escrito refleja perfectamente el desarrollo de las tres inteligencias. Al tener estos consejos a la mano se podrá contar con un refuerzo valioso para dar seguimiento continuo y eficaz a las inteligencias INTELECTUAL, EMOCIONAL Y MORAL.

Consejos de un padre azteca a su hijo

Hijo mío, has salido de tu madre, como el pollo del huevo, y creciendo como él te preparas a volar por el mundo, sin que nos sea dado saber por cuanto tiempo nos concederá el cielo el goce de la piedra preciosa que en ti poseemos; pero sea lo que fuere procura tú vivir rectamente. Reverencia y saluda a tus mayores y nunca les des señales de desprecio. No estés mudo para con los pobres y los afligidos; antes bien, date prisa a consolarlos con buenas palabras. Honra a todos, especialmente a tus padres, a quienes debes obediencia, temor y servicio. Guárdate de imitar el ejemplo de aquellos malos hijos que, como seres privados de razón, no reverencian a los que les han dado el ser, ni quieren someterse a sus correcciones; porque quien sigue sus huellas tendrá un mal fin, lleno de desgracias.

No te burles, hijo mío, de los ancianos y de los que tienen algún defecto físico. No te mofes del que veas que

117

comete algún error, ni se lo eches en cara; al contrario, teme que te suceda lo mismo que te ofende en los demás. No intervengas en asuntos ajenos. En todas tus palabras y acciones procura demostrar tu buena educación. Cuando converses con alguien, no hables demasiado y, si oyes hablar a alguno equivocadamente, y no te toca corregirlo, calla; si te toca, piensa antes lo que vas a decirle y no le hables con arrogancia, a fin de que sea más agradecida su corrección. Vive del fruto de tu trabajo, porque así te será mas agradable el sustento. Yo, hijo mío, te he sustentado hasta ahora con mis sudores y en nada he faltado contigo a las obligaciones de padre; te he dado lo necesario sin quitárselo a otros, haz tú lo mismo.

No mientas jamás. Cuando refieras a alguno lo que otro te ha contado, di la verdad pura sin añadir nada. No hables de nadie. Calla lo malo que observes en otro si te toca corregirlo... No hurtes, ni te des al robo; pues serás la vergüenza de tus padres, debiendo más bien servirles de honra en premio de la educación que te han dado. Si eres bueno, tu ejemplo confundirá a los malos.

No más, hijo mío; esto basta para cumplir las obligaciones de hijo. Con estos consejos quiero fortificar tu corazón, no los desprecies ni los olvides, pues de ellos depende tu vida y toda tu felicidad.

Esta obra fue producida por:
Ediciones Étoile, S.A. de C.V.
Recreo 30-3, Col. del Valle, México D.F.
FAX: 55.34.59.63
en el mes de septiembre de 2000.
La edición consta de 2,000 ejemplares
más sobrantes para reposición.